Matthew Fox
Schöpfungsspiritualität

KREUZ
Entwürfe

Herausgegeben von
Hildegunde Wöller

Inhalt

Vorwort 9

Prolog
Eine neue Schöpfungsgeschichte 15

Teil I
Geschenke der Ehrfurcht 19
1. Was ist Schöpfungsspiritualität? 21
2. Geschenke der Schöpfungsspiritualität 43
3. Geschenke der Weisheit
   Regeln für das Leben im Universum 61
4. Kosmologie, Befreiung und Weisheit –
   eine heilige Trinität 75

Teil II
Geschenke der Befreiung 87
5. Der Kontext 89
6. Kann die Schöpfungsspiritualität Menschen
   der »Ersten Welt« befreien? 93
7. Befreiung von, Befreiung zu
   Eine Exodusgeschichte für die überentwickelten
   Völker 111
8. Auf dem Weg zu einer Spiritualität
   beider Amerika 141
9. Kosmologie als Befreiung
   Die Lektion des Hiob 177

Danksagungen 181

Anmerkungen 183

Literatur in Auswahl 188

Widmung

Für meine Schwestern und Brüder in Mittel- und Südamerika, die mutig für Gerechtigkeit und Menschenrechte in Gesellschaft und Kirche kämpfen. Auf daß wir ebenso eifrig von ihrem Mut lernen, wie sie von unserer Kosmologie, und daß wir gemeinsam eine Spiritualität beider Amerika hervorbringen.

Für meine Mutter, Beatrice Sill Fox, in Dankbarkeit für ihre Weisheit, die sich so deutlich darin zeigte, wie leidenschaftlich sie staunen konnte und wie sie sich für die Befreiung einsetzte.

Für Michael Murray (1947–1990) aus Indianapolis, Indiana, und Flint, Michigan, der sein Leben lang für die Befreiung vieler – auch für seine eigene – kämpfte und uns seine Gabe eines Mystikers und Propheten ließ.

Vorwort

Vor längerer Zeit wurde ich um einen Aufsatz gebeten, der einerseits die Grundlagen der Schöpfungsspiritualität für Anfänger umreißt und andererseits auch denen, die schon praktische Erfahrungen haben, neue Anregungen gibt. Während meines vergangenen Sabbatjahres arbeitete ich an einem solchen Aufsatz, und das Ergebnis ist dieses kleine Buch.

Während dieses Sabbatjahres reiste ich nach Holland, Nicaragua, Brasilien, Equador, Neuseeland und Australien, und auf diesen Reisen wurde mir vor allem eines klar: Die Fragen und Ansätze der Schöpfungsspiritualität haben weltweite Bedeutung. Ich erfuhr, daß der nicaraguanische Dichter Ernesto Cardenal soeben ein episches Gedicht mit dem Titel *Cosmico Cantico* vollendet hat und daß der brasilianische Theologe Leonardo Boff Englisch lernt, um die heutige Kosmologie studieren zu können. Außerdem freute es mich zu hören, daß die holländische Basisgemeindenbewegung als ihre Hauptthemen Kosmologie, Befreiung, Spiritualität und Feminismus gewählt hat.

Ökologisches Leid entsteht überall auf der Erde und für alle Arten Lebewesen. Das erweist sich besonders deutlich in den armen zwei Dritteln der Welt. Den Qualm über dem Regenwald aufsteigen zu sehen und aus erster Hand Berichte über die Menschenjagd auf die einheimischen Völker des Amazonas zu hören, zeigt die unmittelbare Verbindung zwischen ökologischem und menschlichem Unrecht. Joanna Macy erzählte mir, daß die Völker Ungarns und Ostdeutschlands sich wegen der ökologischen Verwüstung ihrer Länder erhoben: »Wir sterben lieber unter Kugeln, als zu ersticken«, war ein Slogan, mit dem sie für ihre politischen Rechte und die ihrer Kinder demonstrierten. Vor diesem Hintergrund betrachte ich die Wiederentdeckung der alten Überlieferung von Schöpfungsspiritualität als ein Geschenk an unsere Zeit. Vielleicht können Ökologie und Kosmologie auch das reiche Drittel der Menschheit aufwecken.

Ein Australier fragte kürzlich den peruanischen Theologen Gustavo Gutierrez, der allgemein als »Vater« der Befreiungstheologie angesehen wird, was Befreiungstheologie für die »Erste Welt« heiße.

»Ich weiß es nicht«, antwortete Gutierrez. »Ich habe für die Befreiung meines Volkes gearbeitet. Ihr Menschen der ›Ersten Welt‹ müßt eure Befreiung selbst benennen.«

Dieses Gespräch steht hinter meinen Bemühungen, eine Befreiungstheologie für die sogenannte »Erste Welt« auszuarbeiten. Es heißt, daß sowohl Herr als auch Sklave Opfer der Sklaverei seien. Wenn das stimmt, dann ist die »Erste Welt« von den gleichen Dingen betroffen wie die »Dritte«, nur auf andere Weise. Und das ist der entscheidende Punkt. Der Sklave könnte der Sklaverei entkommen, indem er flieht oder sich versteckt. Wie aber entkommt der Herr seiner Sklaverei? Reicht es aus, die Sklaven zu befreien?

Ich bin der Überzeugung, daß eine Befreiungstheologie der »Dritten Welt« die Menschen der »Ersten Welt« nicht von sich selbst befreien kann. Denn sie setzt nicht dort an, wo die Völker der »Ersten Welt« angestoßen werden müssen: an ihren eigenen Interessen. Weil der *Kontext* der »Ersten Welt« so ganz anders ist als derjenige der »Dritten«, müssen die Bewohner der ersteren sowohl mit der besonderen Art umgehen lernen, wie sie selbst unterdrückt werden, als auch mit der Art, wie sie zur Unterdrückung anderer beitragen. Eine wirklich befreiende Theologie hat in der »Ersten Welt« und in der »Dritten Welt« andere Implikationen. Die Befreiungstheologen der »Dritten Welt« waren oft so sehr mit den unmittelbaren und drängenden Fragen des Überlebens beschäftigt, daß sie den ethischen und politischen Wert des Feminismus und der Ökologie unterschätzt haben. Manchmal verfielen auch sie in eine Art patriarchalen Anthropozentrismus. Deshalb wird es Zeit für eine Theologie, die in der Lage ist, die Völker der »Ersten

Welt« zu befreien. Sie sollte aus unserem eigenen geschichtlichen und sozialen Kontext stammen.

Trotz aller Reden unserer Politiker und Journalisten über das Versagen der »Zweiten Welt« und den Zerfall der Sowjetunion steuert auch unser Reich – das des Kapitalismus der »Ersten Welt« – auf einen großen Aufruhr zu. Man höhnt leichter über den Einsturz des Nachbarhauses, als einen Blick auf das eigene zu werfen.

Muß ich die Themen noch auflisten, die bei uns heute vernachlässigt werden? Zerstörung von Boden und Wald, Wasser und Luft; Rassismus und Sexismus; Adultismus, der die Jugend in einen Teufelskreis von Depression, Gewalt und Verbrechen zwingt; ein Bildungssystem, das gegenüber der Hälfte unserer städtischen Jugend versagt, die keinen Schulabschluß schafft; der Zerfall unserer Familien; unsere Beteiligung an der Verschuldung der »Dritten Welt«; Militarismus als Rückgrat unserer Wirtschaft; der Milliarden-Dollar-Raub an Ersparnissen und Darlehen durch Staatsverschuldung; der Wohnungs- und Städtebauskandal; Obdachlosigkeit; die Kluft zwischen arm und reich; der Fundamentalismus; die weltweit wachsende Beliebtheit faschistischer Bewegungen; Drogen, für die in Amerika jährlich 150 Milliarden Dollar ausgegeben werden; Alkoholismus und andere Süchte; Arbeitslosigkeit – die Liste wird immer länger.

Mitten in dieser Verkommenheit der »Ersten Welt« erzählen die Medien uns, wir seien die »Freie Welt« und unserem Wirtschaftssystem gehöre die Zukunft. Auf der anderen Seite drängen die Linken uns, auf die Unterdrückten zu hören und die »Option für die Armen« zu wählen. Was aber, wenn wir unsere Fähigkeit des Zuhörens schon verloren hätten? Und wer ist das, »die Armen«? Sind die Frauen, die Jugendlichen, die Farbigen, die Süchtigen, die unterbezahlt Arbeitenden, die Künstler, die Wälder, der Boden, das Wasser, die Luft und die Tiere mit einbegriffen, wenn wir von den »Armen« sprechen? Wie können wir die Armen hören? Wie können wir uns der Armut in uns selbst zuwenden? Wie lernen wir, wieder hinzuhören?

In den Ländern der »Ersten Welt« haben wir es mit einer *seelischen Verarmung* zu tun. Wir haben die Mittel für ein gerechtes Dasein zu unserer Verfügung; aber unser Wille, unsere sozialen Strukturen und unsere Vorstellungen reichen für seine Verwirklichung nicht aus. Die Krankheit der »Dritten Welt« würde ich als eine *körperliche Verarmung* bezeichnen, da es dort oft an den einfachen Grundbedürfnissen mangelt – an Nahrung, Wohnung, medizinischer Versorgung und Arbeit. Die Verbindung zwischen der Seelenkrankheit im Norden und der Körperkrankheit im Süden ist ebenso stark wie diejenige zwischen Seele und Körper überhaupt. In unserer Krankheit sind wir vereint; und vereint werden wir auch in unserer Heilung und Befreiung sein. Aber was geheilt werden muß, ist unterschiedlich, und deshalb unterscheiden sich auch die Mittel zur Heilung und Befreiung.

In ihrer scharfsinnigen Studie über die amerikanische Mittelschicht, *Fear of Falling,* schreibt Barbara Ehrenreich: »Wir brauchen eine Wiedergeburt von Gewissen und Verantwortung in der Mittelschicht. Aber von welchem Boden könnte sie ausgehen? Welche Krise könnte sie anregen? Welche Einsichten könnten sie hervorrufen?« Ich glaube, daß die Schöpfungsspiritualität uns bei unserer eigenen Befreiung helfen kann. Und einmal aufgeweckt, könnten wir unsere Nachbarn in der »Dritten Welt« aufrichtiger bei ihrer eigenen Befreiungsaufgabe unterstützen. Dann würde uns auch die materielle Ungerechtigkeit und Verarmung auffallen, die wir in unseren eigenen Ländern so lange übersehen haben.

Bevor wir beginnen, die Befreiungsbewegungen in der »Ersten« und der »Dritten« Welt zu betrachten, noch eine Bemerkung zu diesen Wörtern: Ich mag beide Begriffe nicht, weil sie ein offensichtliches Vorurteil verraten. – Warum sollten die zwei Drittel der Welt, die ärmer sind, als die »Dritte Welt« bezeichnet werden? Und warum nennen wir die 15% der Welt, die 50% ihrer Ressourcen verbrauchen, die »Erste«? Natürlich ist dies, wie jeder Begriff, eine politische Sprache und spricht für sich. Sie trägt Keime der

Wahrheit über unsere Beziehungen zueinander. In diesem Buch werde ich die Begriffe »Erste Welt« und »Dritte Welt« nur in Anführungszeichen verwenden. Im Grunde ziehe ich die Begriffe »überentwickelte« und »unterentwickelte« Welt vor. Die »Erste Welt« halte ich für materiell überentwickelt, aber spirituell, geistig für unterentwickelt. Im Kontrast dazu ist die »Dritte Welt« weniger entwickelt, was ihre industrielle Produktion betrifft, aber in ihrer Leidenschaft für Mysterium und Geschichte, für Schönheit und Gerechtigkeit geistig gesünder. Der Vorrang, der in der »Dritten Welt« der Suche nach Gerechtigkeit eingeräumt wird, ist Beleg für eine geistige Reife, mit der die »Erste Welt« – versunken in Verdrängung, Konsumsucht und Langeweile – noch nicht mithalten kann.

Ich hoffe, daß dieses Buch für Anfänger und Praktikerinnen auf dem Pfade der Schöpfungsspiritualität eine Herausforderung bildet, die geistige und spirituelle Armut unserer Kultur zu erkennen und zu analysieren. Trägt es dazu bei und zur Verwirklichung des Traumes, den ich im achten Kapitel beschreibe, dann hat es sich gelohnt.

PROLOG
Eine neue Schöpfungsgeschichte

Die Dichterin und Töpferin M. C. Richards sagte einmal über das Auseinandergehen von Wissenschaft und Religion seit dreihundert Jahren: »Es besteht ein deutlich spürbarer Zwiespalt. Und dieser Zwiespalt behindert das dichterische Bewußtsein. Das ist ein kennzeichnendes Leiden unserer Gesellschaft. ... Die innere Seele zieht sich zurück, geht in den Untergrund und spaltet sich von dem Teil ab, der noch herumläuft. Die Vitalität ebbt ab. Psychische Störungen werden akut, sogar Selbstmord kann versucht werden.«

Wenn diese Benennung unseres kulturellen Leidens für uns richtig klingt, dann können wir uns vorstellen, was geschieht, wenn Wissenschaft und Spiritualität wieder zusammenfinden. In der Tat stellt diese Möglichkeit die beste und ermutigendste Neuerung unserer Zeit dar. Die heutige Wissenschaft hat uns eine neue kosmische Geschichte über unseren Ursprung gegeben, eine heilige Geschichte, deren Hören uns mit Ehrfurcht erfüllt. Ich will hier versuchen, die Geschichte auf meine Weise zu erzählen. Es ist eine Geschichte von Geschenken: Wir kommen aus einer Abstammungslinie kosmischen Gebens.

Am Anfang war das Geschenk.
Und das Geschenk war bei Gott, und das Geschenk war Gott.
Und das Geschenk kam und schlug sein Zelt unter uns auf,
zuerst in Form eines Feuerballes,
der 750 000 Jahre lang unvermindert brannte
und in seinem ungeheuer heißen Ofen
Hadronen und Leptonen kochte.
Diese Gaben fanden gerade genug Stabilität,
um die ersten atomaren Geschöpfe zu gebären,
Wasserstoff und Helium.

*Eine Milliarde Jahre des Kochens und Brodelns,
bis die Begabungen des Wasserstoffs und Heliums
Galaxien gebaren – wirbelnde, sausende, lebendige Galaxien,
die Billionen Sterne schufen,
Lichter in den Himmeln und kosmische Brutöfen,
die neue Geschenke entstehen ließen
durch gewaltige Explosionen riesiger Supernovas,
in einem Glühen aufflackernd
heller als eine Million Sterne.
Geschenke über Geschenke, Begabungen gebärende Gaben,
explodierende Gaben, implodierende Gaben,
Geschenke des Lichts, Geschenke der Dunkelheit,
kosmische Begabungen und subatomare Begabungen.
Treibend alles und wirbelnd, geboren und sterbend,
in einem ungeheuren geheimnisvollen Plan –
auch dieser ein Geschenk.
Eine dieser Supernovas explodierte auf eigene Art
und sandte eine einzigartige Gabe ins Universum –
von später folgenden Geschöpfen genannt
Erde,
ihre Heimat,
ihre Biosphäre, ein Geschenk für sie –,
hüllt sie ein in Schönheit und Würde und genau
den rechten Schutz vor der Sonnenstrahlung,
vor kosmischer Kälte
und vor ewiger Nacht.
Der so begabte Planet wurde als ein Juwel
in eine ausgezeichnete Umgebung gesetzt,
in genau 100 Millionen Meilen Entfernung
von seinem Mutterstern, der Sonne.
Neue Begabungen entstanden, in ihrer Gestalt neu im Universum –
Felsen, Meere, Kontinente,
vielzellige Geschöpfe, beweglich aus eigener Kraft.
Leben war geboren!
Geschenke aus dem Stoff von Feuerball und Helium,
Galaxien und Sternen, Felsen und Wasser*

nahmen nun die Gestalt des Lebens an!
Leben –
ein neues Geschenk des Universums,
eine neue Begabung im Universum.
Blumen vielfältiger Farben und Düfte, aufrechte Bäume.
Wälder entstanden und boten Raum für alle Formen
kriechender und krabbelnder Wesen.
Wesen, die fliegen und singen.
Wesen, die schwimmen und rutschen.
Wesen, die auf vier Füßen laufen.
Und schließlich
Wesen, die stehen und auf zwei Beinen gehen.
Mit beweglichen Daumen für weitergehende Kreativität –
für noch mehr Begabungen.
Der Mensch wurde ein Geschenk und eine Bedrohung.
Denn seine Schöpferkräfte waren einzig in ihrem Potential
zur Zerstörung und zur Heilung.
Wie würde er diese Begabungen anwenden?
Welche Richtung würde er einschlagen?
Die Erde erwartet die Antwort auf diese Fragen.
Und sie wartet noch.
Zitternd.
Lehrer wurden gesandt, Verkörperungen des Göttlichen,
aus Erde geboren –
Isis und Hesiod, Buddha und Laotse, Mose und Jesaja,
Sara und Esther, Jesus und Paulus,
Maria und Hildegard, Häuptling Seattle und die Büffelfrau
–,
um die Menschen Wege des Mitgefühls zu lehren.
Und immer noch wartet die Erde,
ob die Menschheit ein Geschenk sei oder ein Fluch.
Zitternd.
Hast du je ein Geschenk gegeben und es später bereut?
Die Erde grübelt und wartet.
Denn das Geschenk ist Fleisch geworden
und wohnt überall unter uns,
und wir neigen dazu, es nicht zu kennen.
Und wir behandeln es nicht wie eine Begabung,

*sondern als ein Objekt,
das wir benutzen, mißbrauchen, niedertreten – ja kreuzigen.
Jenen aber, die das Geschenk mit Ehrfurcht empfangen,
ist alles verheißen.
Alle werden sie Kinder des Geschenkes heißen,
Söhne und Töchter der Gnade.
Durch alle Generationen.*

Teil I
GESCHENKE DER EHRFURCHT

1. Was ist Schöpfungsspiritualität?

Kürzlich interviewte mich eine afro-amerikanische Reporterin in einem Hotelzimmer in New York City für die *New York Times*. Sie begann mit der Frage: »Sehen Sie, ich wuchs in der Innenstadt von Chicago auf und lebe jetzt in Manhattan. Was hat die Schöpfungsspiritualität mir zu sagen? Hat sie mit dem Besuch von Parks und Zoos zu tun?«

Ich bat sie, mit mir aus dem Fenster zu schauen und mir zu sagen, was sie dort sehe. Wir befanden uns im achtzehnten Stock, die Fenster waren von Ziegeln eingerahmt. Was ist ein Ziegel? Lehm, der von Menschen achtzehn Stockwerke hoch gebracht worden ist. Und was hält den Ziegel dort oben? Stahlgerüste – ebenfalls Gaben der Erde. Wir gingen näher ans Fenster und schauten hinab. Unten sahen wir etliche Taxis, alle aus Blech (ebenfalls aus den Eingeweiden der Erde). Sie fahren auf Reifen, die von Gummibäumen stammen, und mit Hilfe von Benzin, das aus Tieren und Pflanzen stammt, die vor Hunderten von Millionen Jahren gestorben sind. Eine Stadt ist, eindrucksvoll wie sie ist, ebenfalls aus Erde, aus von Menschen verwendeter Erde. Menschen, die selbst mit ihren zwei Beinen auf der Erde stehen, mit ihren beweglichen Daumen und ungeheurer Vorstellungskraft.

Schöpfungsspiritualität ist in der Stadt ebenso zu erfahren wie auf dem Lande, vorausgesetzt, wir schauen wirklich auf den Ursprung der Dinge und auf ihre Beziehungen miteinander.

Was ist Schöpfung?

Die Schöpfung ist alles, uns eingeschlossen. Sie ist unsere Beziehung zu allem. »Alle unsere Verwandten«, beten die Lakota, wenn sie die heilige Pfeife rauchen oder die Schwitzhütte betreten und verlassen. »Alle unsere Verwandten« bezieht alle Wesen mit ein, die sichtbaren und die unsichtbaren. Die wirbelnden Galaxien und die wilden

Sonnen, die schwarzen Löcher und die Mikroorganismen, die Bäume und die Sterne, die Fische und die Wale, die Wölfe und die Tümmler, die Blumen und die Felsen, geschmolzene Lava und verschneite Gipfel, die von uns geborenen Kinder und deren Kinder und deren und deren. Die arbeitslose Alleinerziehende und die Studentin, den Campesino und den Landbesitzer, den Frosch im Teich und die Schlange im Gras, die Farben eines hellen Sonnentages und die Dunkelheit eines Regenwaldes bei Nacht, das funkelnde Gefieder eines Papageis und den Schlag einer afrikanischen Trommel, die Kiva der Hopi und die Wunder der Kathedrale von Chartres, die Aufregung von New York City und die Verzweiflung eines überfüllten Gefängnisses – alles gehört dazu.

Schöpfung ist aller Raum und alle Zeit – alles Vergangene, Gegenwärtige und Zukünftige. Unter diesen drei Konzepten von Zeit weist die Schöpfung am meisten in die Richtung der Gegenwart, denn die bedeutendste Zeit ist Jetzt, das »ewige Jetzt«. Durch die Entscheidungen, die wir *jetzt* darüber treffen, was wir gebären, drängt die Vergangenheit in die Zukunft. Ob die Zukunft sich in noch mehr Schönheit oder in noch mehr Leid darstellen wird, hängt von unserer Wahl ab, während wir unsere Rolle als Mitschaffende in einer sich ewig entfaltenden Schöpfung füllen. In uns treffen Vergangenheit und Gegenwart zusammen, um Zukunft zu gebären. Meister Eckhart schrieb:

»Ich habe schon manchmal gesagt, Gott erschaffe diese ganze Welt voll und ganz in diesem Nun.

Alles, was Gott je vor sechstausend und mehr Jahren erschuf, als er die Welt machte, das erschafft Gott jetzt allemal.

Alles, was Gott erschuf vor sechstausend Jahren, und alles, was Gott noch nach tausend Jahren erschaffen wird, wenn die Welt noch so lange besteht, das erschafft Gott im Innersten und Höchsten der Seele.

Alles, was vergangen ist, und alles, was gegenwärtig ist, alles, was zukünftig ist, das erschafft Gott im Innersten der Seele.«[1]

In ihrem Kern geht es in der Schöpfung um Beziehung. Es ist der drehende, tanzende, krabbelnde, springende, hüpfende, überraschende Akt des Bezogenseins, des Verbindens, des Antwortens, des Loslassens, des Seins. Sein ist in Beziehung. Eckhart sagt, daß Beziehung das Wesen allen Daseins sei und daß »Istigkeit« Gott sei. So ist alle Schöpfung ein Fußstapfen, eine Spur, ein Ableger der Gottheit. Schöpfung ist das Vorübergehen des Göttlichen in Form des Seins. Sie ist Gottes Schatten in unserer Mitte. Sie ist heilig. Alle unsere Beziehungen sind heilig. Die Naturvölker wußten das. Jesus lehrte es. (»Ich bin der Weinstock, ihr seid die Reben.« »Mein Vater und ich sind eins.«) Christen und andere Glaubende müssen erneut die Heiligkeit der Schöpfung begreifen lernen. Denn sonst, ohne diesen »ersten Glaubensartikel«, sind wir verloren. Unsere Kinder würden ohne Zukunft umherirren. Verzweiflung herrschte und jedes Reden über das »Reich Gottes« würde kraftlos und unwahr.

Schöpfung ist in vieler Hinsicht das, was unsere Art auf der Erde daraus macht. Wie dumm von der Gottheit, uns solche göttliche und dämonische Macht zu geben. Was tun wir damit? Sind wir geistig vorbereitet auf die ehrfurchtgebietende Aufgabe, Gerechtigkeit herzustellen? Die Wissenschaft spricht von der »Homöostase«, der Suche nach Gleichgewicht, die allen Dingen innewohnt, der Beziehung aller Dinge zueinander auf der Ebene der Gerechtigkeit und nicht der Macht über andere, nicht der Gewinner gegen die Verlierer. Sind wir wirklich aus der Kriegsführung herausgewachsen – dem Krieg gegen uns selbst, unseren Körper, unsere Jugend, unseren Boden, unsere Bäume? Die Menschen sind durchaus in der Lage zur Sünde gegen die Schöpfung, fähig, den Sinn ihres Daseins auf diesem Planeten und in diesem Universum zu verfehlen. In diesem Sinne besteht Sünde darin, sich von der Schöpfung abzuwenden und von ihrem Autor, dem Göttlichen, der oder die in allen Dingen wohnt. Manchmal sündigen wir durch Unterlassung, indem wir Sünden gegen die Biosphäre (den zu Recht so genannten Ökozid) nicht erkennen oder nicht zugeben, oder Sünden gegen die Arten (Biozid) oder gegen den Boden (Geozid). Es handelt sich dabei um tatsächliche *Todsünden,* denn sie werden sich noch für Generationen als tödlich erweisen.

Schöpfung ist das Neue, das geschieht, wenn unser erstes Kind geboren wird. Sie ist die Wiedergeburt, die wir erleben, wenn wir durch Schmerz und Verzweiflung hindurchgegangen sind und uns wieder lebendig fühlen. Sie ist der über jedes Verstehen hinausreichende Friede, wenn ein guter Mensch gut stirbt. Sie ist der erhebende Gemeinschaftsgeist, der entsteht, wenn die Angst durch Solidarität besiegt wird und wenn kraftvolles Beten und Hoffen wieder in uns Wurzeln treiben.

Zur Schöpfung werden Mystikerinnen und Mystiker erweckt, und Propheten kämpfen um ihren Erhalt. Die Schöpfung ist Gegenstand wissenschaftlicher Untersuchung und mystischer Hingabe, sie ist die Quelle allen Kultes und das Ziel aller Moral. Mystikerinnen und Mystiker suchen eine Neue Schöpfung, in welcher der Wolf und das Lamm in uns sich nebeneinander lagern, wo Stärke und Sanftheit bewußtgemacht und gastfreundlich empfangen werden, wo Männliches und Weibliches wie auch alle anderen Gegensätze vereint sind in einem lebendigen, wirbelnden, von Gelächter erfüllten Tanz für eine erotische Gottheit, die uns alle gemalt hat, uns gesungen und begabt hat, die uns alle phantasiert hat und immer noch über uns lacht.

Schöpfung ist die Quelle, die Matrix und das Ziel aller Dinge, der Anfang und das Ende, das Alpha und das Omega. Die Schöpfung ist unser aller Mutter und Vater, sofern »unsere« für alle Wesen steht. Die Schöpfung ist Mutter aller Dinge und Vater aller Dinge, Gebärerin und Erzeuger. Sie ist allheilig, von Ehrfurcht erfüllt, vom kleinen Zwiebelsamen bis zum gewaltigen Mammutbaum. Sie ist allmächtig und österlich. Ist jemals eine Person von den Toten auferweckt worden, dann sind wir alle es; und die Schöpfung ist Erbin noch größerer göttlicher Überraschungen. Die Schöpfung ist nie zu Ende, nie zufrieden, nie gelangweilt, niemals passiv. Die Schöpfung wird immer neu geboren und macht immer neu. Sie lockt uns wie eine Liebende an einen geheimen Ort, wo sie mit uns spielt, bis wir jedes Gefühl für Vergangenheit, Gegenwart und Zukunft verloren haben und schließlich – und uns selbst zum Trotz – allen Raumes und aller Zeit gewahr werden. Aus einem solchen geheimen Rendezvous mit der Schöpfung betreten neue Wesen das Universum. Und wie neugeborene Galaxien spinnen unsere mystisch empfangenen Kinder ihre eigene Geschichte der Schöpfung aus, in weitere Zeiten und weitere Räume und heller kreisende Lichter und Farben.

Wie konnte ein solches Drama so gefährdet werden wie heute? Weil unsere Spezies mit ihren Religionen und ihrer Bildung, ihren Moralvorstellungen, Regierungen und Wirtschaftssystemen den Sinn für die Schöpfung verloren hat. Wo das geschieht, ist nichts mehr heilig, nichts scheint mehr den Kampf um Gerechtigkeit wert zu sein, der zu ihrer Erhaltung nötig ist. Die Gemeinschaft stirbt, und es gibt keine Beziehungen mehr.

Die Schöpfungsspiritualität ist nicht auf Psychologie konzentriert, denn sie sieht den Menschen nicht von allem anderen getrennt. Sie ist vielmehr auf den *Segen* konzentriert, wobei Segen das Geschenk bedeutet, das die gesamte Schöpfung darstellt.

Kürzlich hatte ich eine Podiumsdiskussion mit dem Psychologen M. Scott Peck, der behauptete, daß zwischen Eltern und Kind nur so lange bedingungslose Liebe bestehe, bis das Kind alt genug zum Antworten sei. Anthropozentrisch gesehen ist bedingungslose Liebe in der Tat selten. In einem kosmologischen Rahmen jedoch ist sie eine alltägliche Begebenheit: Das Universum liebt uns an jedem Tag, an dem die Sonne aufgeht, und der Schöpfer liebt uns durch die Schöpfung.

Die Schöpfung ist der ursprüngliche Segen, und alle folgenden Segnungen – jene, die wir unseren Angehörigen geben, und jene, die wir durch Heilung, Feier und das Schaffen von Gerechtigkeit hervorzubringen versuchen –, sind in dem Ursegen der Schöpfung schon vorgebildet, einem so bedingungslosen gnadenhaften Segen, daß wir ihn unser ganzes Leben hindurch übersehen können. Unsere Religionen bringen es fertig, großartige Tempel zu bauen, um ihre Gefolgschaften unterzubringen, sie lehren ihre ausgefeilten Katechismen und nehmen beträchtliche Geldsummen ein, vergessen dabei aber völlig die Gnade der Schöpfung. Langeweile, Depression und was unsere Vorfahren als die Sünde der »*acedia*« (Trägheit) bezeichneten, kommen auf, wenn wir vom Empfinden der Gnade und des Segens abgeschnitten werden.

Und doch ist die Schöpfung so töricht großzügig, daß sie in ihrem Bemühen, überschwenglich zu lieben, eine Spezies geboren hat, die ihre eigene Heimat gefährdet. In ihrer Demut hat die Schöpfung sich zum Gegenstand eines ihrer eigenen Werke gemacht, der menschlichen Rasse. Wie heilig, wie verschwenderisch, wie weise und doch wie zerbrechlich die Schöpfung ist! Wie wird sie reagieren, wenn die Menschheit ihr Erdenkind zerstört?

Was ist Spiritualität?

Der Geist ist das Leben, RUACH, Atem, Wind. Spirituell zu sein bedeutet lebendig zu sein, erfüllt mit RUACH, tief atmend, in Berührung mit dem Wind. Spiritualität ist ein Pfad voller Leben, eine von Geist erfüllte Lebensweise. Einen Pfad einzuschlagen ist etwas anderes als eine Autobahn entlang zur Arbeit zu fahren. Ein Pfad hat etwas Persönliches, er hat mit Entscheidung und sogar mit dem Mysterium zu tun. Einen Pfad zu wählen heißt einen anderen zurückzuweisen. Ein Pfad ist ein mäandernder Gehweg – einen Pfad rast oder fährt man nicht entlang. Ein Pfad ist nicht zielorientiert. Ein Pfad ist *selbst der Weg*, und auf ihm ist jeder Augenblick ein heiliger Augenblick, heilig wird, was man von ihm her schaut.

Wer immer sich zu einem spirituellen Pfad aufmacht, muß lernbereit sein und bereit loszulassen. Sie oder er muß wissen, daß niemand von uns alle Antworten hat und daß doch niemand von der Gottheit getrennt ist. Er oder sie muß bereit sein, von Bitterkeit und Ärger abzulassen. Wir können zwar voller Ärger auf einer Autobahn fahren, aber wir können nicht ärgerlich und bitter einen Pfad entlanggehen. Für den spirituellen Pfad müssen wir leer geworden sein, und auch das Gehen selbst wird für ein erstaunliches Leerwerden sorgen.

Zwar haben die Pfade, die wir zu gehen wählen, etwas tief Persönliches an sich, doch ist Spiritualität auch radikal gemeinschaftlich. Der Geist ist nicht an einen Pfad gebunden, nur weil wir uns gerade auf diesem befinden. Pfade winken uns in ihrer Schönheit, aber sie winken *uns,* nicht *mir,* nicht meinem *privaten Ego,* das meinen Privatbesitz hortet oder mein privates Ziel verfolgt. Ein Pfad ist ein solidarischer Weg, auf dem die Schönheit mit allen anderen geteilt wird, die sich darauf befinden. Und auch das Leid und die Kämpfe werden mit allen anderen geteilt.

Alle spirituellen, alle geistigen Pfade haben natürlich eines gemeinsam: den Geist – Atem, Leben, Energie. Darum sind alle wahren Pfade vom Wesen her *ein* Pfad – denn es gibt nur *einen* Geist, *einen* Atem, *ein* Leben, *eine* Kraft im Universum. Er gehört niemandem und allen, wir haben alle daran teil. Spiritualität entzieht uns nicht der Welt, sondern macht uns voller lebendig. Der Pfad der Spiritualität bringt uns fort vom Oberflächlichen in die Tiefe, fort vom »äußeren Menschen« zum »inneren Menschen«, fort vom Privaten und Individualistischen in die Tiefe des Gemeinschaftlichen. Wie Eckhart es ausdrückt, ist der äußere Mensch der alte Mensch, der irdische Mensch, der Mensch dieser Welt, der von Tag zu Tag älter wird. Das Ende dieses Menschen ist der Tod. Der innere Mensch dagegen ist der neue Mensch, der himmlische Mensch, in dem Gott leuchtet. Diesen leuchtenden Gott in uns zu finden heißt den Kosmischen Christus zu finden und ein Leben zu gestalten, das alles miteinander verbindet.

Schöpfungsspiritualität:
eine Tradition und eine Bewegung

Als ein Pfad, der sich von anderen Wegen unterscheidet und den wir wählen können, beginnt die Schöpfungsspiritualität mit der Schöpfung und dem Kosmos. Erst später kommt sie zur menschlichen Geschichte, die uns dann anzieht wie ein Juwel, das in den großen Ring der Gesamtschöpfung gesetzt ist. Ohne Kosmologie gibt es keine Anthropologie. Der Mensch existiert nicht getrennt von den Sternen, und die menschliche Geschichte kann nicht von der planetaren Geschichte, der galaktischen Geschichte und der Entfaltungsgeschichte der ganzen Schöpfung getrennt werden. Die Elemente unseres Körpers, die großen und kosmischen Gefühle der Trauer und des Leides, der Ekstase und der Freude, durch die wir gehen – sie alle sind Teil der Geschichte und der Größe des Universums. Wir haben galaktisches Format.

Der Beweis dafür liegt nicht nur in der Tatsache, daß das von uns bewohnte Universum eine Billion Milchstraßen umfaßt, sondern auch in der Tatsache, daß das Universum neunzehn Milliarden Jahre lang existieren und eine Billion Galaxien hervorbringen mußte, bevor unsere Spezies darin ankommen konnte. Woher wissen wir das? Weil Raum und Zeit eine gemeinsame Evolution durchlaufen haben. Wenn diese Zeitspanne vor unserer Ankunft nötig war, dann müssen auch die Dimensionen des Universums notwendig so sein, wie sie sind.

Eine Tradition

Die Schöpfungsspiritualität ist kein neu erfundener Pfad. Nur handelt es sich für den westlichen Menschen des zwanzigsten Jahrhunderts um einen neu *entdeckten* Pfad, denn der Sturm der anthropozentrischen (menschenzentrierten) Kultur, die mit dem Zerfall der Kosmologie am Ende des Mittelalters begann, hat uns in einer mechanistischen und unmystischen Welt zurückgelassen. Wenn wir der Schöpfungsspiritualität heute wieder begegnen, dann ist es, als würden wir einen mit dicken Wurzeln und Gestrüpp zugewachsenen Dschungelpfad öffnen. Die Schöpfungsspiritualität ist eine alte Überlieferung, die älteste Tradition in diesem Land, denn sie bildet das geistige Erbe der ursprünglichen Bevölkerung Amerikas. Sie ist aber auch das grundlegende Geisteserbe aller Naturvölker, der Kelten in Irland, Schottland, Wales und des deutschen Rheinlandes, der Völker Afrikas und Asiens, der Polynesischen Inseln und Neuseelands oder der australischen Ureinwohner. Bei allen diesen Völkern bildete Kosmologie die Grundlage ihres Kultes, ihrer Gebete, ihrer Wirtschaft, Politik und Ethik. Sie ehrten alle das Künstlerische in jedem Menschen. Alle rechneten damit, daß Göttliches überall und zu jeder Zeit hervorbrechen könnte.[2] Wenn wir die Welt auf solche Weise betrachten, sind wir schöpfungsorientiert.

Doch ist die Schöpfungsspiritualität nicht nur in allen Naturreligionen heimisch, sondern sie stellt auch die älteste Tradition in der Bibel dar. Der Jahwist (die J-Quelle) in der Hebräischen Bibel bildet ihre älteste Überlieferung, und seine Theologie ist schöpfungsorientiert. Gleiches gilt für einen großen Teil der prophetischen Bücher und die gesamte Weisheitsliteratur, die die kosmologische, feministische Vision der Schöpfungsspiritualität auf schöne Weise zum Ausdruck bringt.[3] Jesus kannte diese Schriften gut; und so ging die schöpfungsbezogene Überlieferung über in die christliche Bibel oder das »Neue Testament«, wo sie sich an unzähligen Stellen findet: angefangen beim Johannes-Prolog (der stark auf Sirach 24 aufbaut) bis zum Buch der Offenbarung; von den Gleichnissen, die immer wieder Bilder und Erfahrungen aus der Schöpfung benutzen, bis zur Lehre Jesu über das »Reich« Gottes – ein Ausdruck, den der Exeget Krister Stendahl als »Schöpfung« übersetzen würde; von den Hymnen an den Kosmischen Christus, die in den Liturgien der ersten christlichen Gemeinden gesungen wurden und die Paulus in seinen Briefen zitiert, bis zu den Geburtserzählungen in den Evangelien von Matthäus und Lukas.

Schöpfungsspiritualität findet sich bei den griechischen Kirchenvätern, besonders im Hinblick auf die große Rolle, die der Kosmische Christus in ihrer Theologie spielt. (So sagte etwa Basilius von Caesarea: »Das Wort Gottes durchdringt die ganze Schöpfung.« Und Gregor von Nazianz sagt, daß »Christus in allen Dingen« ist.) Der Höhepunkt der Schöpfungsspiritualität in der Kirchengeschichte war jedoch ihre große »Renaissance«, die im zwölften Jahrhundert mit Hildegard von Bingen, Franz von Assisi und Thomas von Aquin begann. Dem Genius dieser Mystikerinnen und Mystiker und Prophetinnen und Propheten folgten Mechthild von Magdeburg, Meister Eckhart, Juliana von Nordwich und Nikolaus von Kues, die diese geistige Bewegung in Theorie und Praxis vom dreizehnten bis ins fünfzehnte Jahrhundert weiterführten. Mit der Verdammung Meister Eckharts im Jahre 1329 stand jedoch die Warnung im Raum: Vermischt nicht mystischen mit prophetischem Glauben, sonst gibt es Ärger! Die Spaltung zwischen dem Mystischen und dem Prophetischen, für die jenes Datum steht, hat das Christentum bis heute begleitet. Die Reformatoren des sechzehnten Jahrhunderts versuchten, diese Kraft zurückzubringen, doch mit unterschiedlichem Erfolg, denn auch der säkularen Welt fehlte das Paradigma des Kosmischen Christus. Sie unterwarf sich dem schöpfungsfeindlichen Vorurteil der neuen Wissenschaft und des geplünderten religiösen Weltbildes. Die Schöpfungsethik war zu geschwächt, um sich der Gier widersetzen zu können, die bei der Vergewaltigung der Neuen Welt entstand. Die Kirche verbrannte im Jahre 1600 den dominikanischen Wissenschaftler und Mystiker Giordano Bruno auf dem Scheiterhaufen und verdammte Galilei 1616 als Zeichen ihrer Feindschaft gegen eine neue Kosmologie, die sich von der Religion nicht kontrollieren ließ. Wissenschaft und Religion fielen auseinander. Heute aber beginnt die Wissenschaft sich wieder für das Heilige zu interessieren, und die Schöpfungsspiritualität sorgt für eine Brücke zwischen beiden.

Im Matthäusevangelium spricht Jesus davon, daß »jeder Schriftgelehrte, der ein Jünger des Himmelreichs geworden ist, ... Neues und Altes hervorholt« (13,52). In diesem Sinne ist auch die Schöpfungsspiritualität sowohl alt als auch neu. Als etwas Altes bildet sie eine Tradition, wörtlich etwas »Weitergegebenes«. Die Schöpfungsspiritualität ist durch die Kämpfe unserer Vorfahren weitergegeben worden an die Gemeinschaft der Heiligen. Sie ist eine lebendige Überlieferung und kein fertiges Päckchen dogmatischer Wahrheiten. Und als etwas Neues bildet sie eine Bewegung, die unsere moderne Schöpfungsgeschichte sowie unsere kulturelle Krise mit der Tradition verbindet, um sie wieder lebendig zu machen.

Eine Bewegung
Die Schöpfungsspiritualität ist auch eine *Bewegung*. Viele, die mit ihr in Berührung kommen, reagieren begeistert auf die Begegnung mit dieser lange verlorenen Tradition, diesem Erbe aus ihren eigenen westlichen Wurzeln, diesem lang vergrabenen Schatz und wollen den Geist, der ihre Seele befreien konnte, auch für die Befreiung anderer wirken lassen. Sie wollen Feuer legen an das trockene Holz, das Hildegard als die Dürre der Achtlosigkeit bezeichnete, die sie in ihrem Leben, ihren Gemeinschaften und Institutionen vorfanden. Wer der schöpfungsbezogenen Überlieferung begegnet, entdeckt die »Feuchtigkeit«, den Saft in seinem Leben und möchte damit die trockenen Ecken in unseren Institutionen, in der Arbeitswelt, in den Universitäten, in persönlichen Beziehungen und in der Religion anfeuchten. Sie möchten, daß auch andere von der Schöpfungsspiritualität beeinflußt werden, besonders die heutigen sozialen Bewegungen (»beeinflußt« im Sinne von ein-fließen). Die Schöpfungsspiritualität wird zu einer Bewegung, indem sie Menschen und ihre schlummernde Empörung über die Torheit unserer Rasse aufweckt, indem sie kreative Ventile für die berechtigte Wut und für die aufgestauten Frustrationen der einfachen Leute anbietet.
Als Bewegung wird die schöpfungsbezogene Spiritualität zu einer erstaunlichen Sammelstätte, zu einer Art Wasser-

stelle für Menschen, die die Fragen des Tages mit Leidenschaft ergriffen haben – Tiefenökologinnen und ökumenisch Bewegte, Künstlerinnen und Indianer, Bürgerrechtler und Feministinnen, Schwule und Lesben, Männergruppen, Wissenschaftler auf der Suche nach einer Verbindung von Wissenschaft und Weisheit, Menschen aus prophetischen Traditionen. Sie alle finden in der Bewegung der Schöpfungsspiritualität eine gemeinsame Sprache und einen gemeinsamen Boden.[4]

Die vier Pfade der Schöpfungsspiritualität

Das Gerüst der schöpfungsorientierten Überlieferung ist ein geistiger Weg in vier Pfaden. Geistige Wege zu benennen ist wichtig, damit die Menschen sich auf eine gemeinsame Sprache beziehen können. Indem wir die Reise benennen, gehen wir sicher, nicht auf einem der Pfade steckenzubleiben. Das kann leicht passieren, denn sie sind tief und kraftvoll.

Die vier Pfade der Schöpfungsspiritualität repräsentieren einen deutlichen Paradigmenwechsel weg von der Art und Weise, wie die geistige Reise bislang im Westen beschrieben wurde. Plotin (205–270 n. Chr.) kennzeichnete drei Pfade: Läuterung, Erleuchtung und Vereinigung. Diese Einteilung des Weges befindet die Schöpfungsspiritualität als unangemessen und lehnt sie ab. Sie ist nicht biblisch, weil Plotin, ein neuplatonischer Philosoph und Mystiker, die Bibel überhaupt nicht kannte. Und seine drei Pfade lassen Freude und Vergnügen, Kreativität und Gerechtigkeit völlig aus. Ihr Ziel liegt nicht im Mitgefühl, sondern in der Kontemplation und in der Abwendung vom Irdischen.

Die vier Pfade der Schöpfungsspiritualität hingegen sagen uns, worauf es ankommt. Auf Pfad eins hören wir, daß es auf Ehrfurcht und Freude ankommt; auf Pfad zwei, daß es auf das Annehmen der Dunkelheit und des Leids sowie das Loslassen ankommt; auf Pfad drei, daß es auf das Schöpferische und die Phantasie ankommt, und auf Pfad vier erfahren wir, daß es auf Gerechtigkeit und Feiern ankommt, die zusammen zu Mitgefühl führen. Werden die vier Pfade im Lichte einer neuen Geschichte des Kosmos verstanden, kann eine ganz neue Zivilisation geboren werden, denn die vier Pfade sagen uns, worauf es ankommt, und die neue Schöpfungsgeschichte sagt uns, warum es darauf ankommt: Weil es neunzehn Milliarden Jahre gedauert hat, all diese Erfahrungen der Freude und des Leids, der Geburt und der Gerechtigkeit bis zum heutigen Punkt der Geschichte zu führen.

Die vier Pfade sprechen auch die Frage an, wo wir in unserer Zeit Gott, wo wir die Erfahrung des Göttlichen finden können. Die Schöpfungsspiritualität antwortet, daß das Göttliche an folgenden Stellen gefunden werden kann:

– Auf der *Via Positiva:* In der Ehrfurcht, im Staunen über das Geheimnis der Natur und aller Wesen, die ein jedes »ein Wort Gottes« sind, ein »glitzernder und funkelnder Spiegel Gottes«, wie Hildegard von Bingen es ausgedrückt hat. Das ist Pfad eins.

– Auf der *Via Negativa:* In der Dunkelheit und im Nichts, in der Stille und Leere, im Loslassen und Seinlassen, in Schmerz und Leid, die einen ebenso wirklichen Anteil unserer geistigen Reise ausmachen. Das ist Pfad zwei.

– Auf der *Via Creativa:* In unserer Schöpferkraft, in der wir Mitschaffende mit Gott sind. In unseren Vorstellungen, sofern wir unseren Bildern genügend vertrauen, so daß wir sie gebären und sie in die Wirklichkeit treiben. Das ist Pfad drei.

– Auf der *Via Transformativa:* In der Erlösung vom Leiden, im Kampf gegen das Unrecht, im Kampf um das Gleichgewicht in Gesellschaft und Geschichte und im Feiern, das zustande kommt, wenn um Gerechtigkeit ringende Menschen in Gemeinschaft zu leben versuchen, um für die Gabe des Daseins und des Zusammenseins zu danken und Gott zu loben. Das ist Pfad vier.

Die vier Pfade als vier Empfehlungen
Wir begreifen die vier Pfade der Schöpfungsspiritualität als vier Empfehlungen, die uns Kraft für die Reise geben. Sie bilden Wegweiser, Versicherungen dafür, daß wir nicht allein reisen, sondern geborgen im ganzen mystischen Leib der Gemeinschaft der Heiligen und der schöpfungsbezogenen Tradition der Vergangenheit, der Gegenwart und der Zukunft. Die gesamte schöpfungsspirituelle Bewegung reist auf einem spiralförmigen Weg. Denken wir kurz über diese Empfehlungen nach.

1. Du sollst dich mindestens dreimal täglich verlieben
(Via Positiva)
Auf den ersten Blick verspricht diese Empfehlung Schwierigkeiten mit unserer Ehe, unserer Beziehung oder unserem Zölibat. Das liegt aber daran, daß unsere Kultur die zutiefst mystische Erfahrung des »Verliebens« ausschließlich auf die Partnersuche bezogen hat. Wir könnten uns täglich in eine Galaxie verlieben und, da es Billionen von ihnen gibt, auf unserem Sterbebett noch ziemlich viele unberührt hinterlassen. Oder wir könnten uns in einen Stern verlieben, von denen es allein in unserer Milchstraße zweihundert Billionen gibt. Oder in eine blühende Pflanze, derer es auf diesem Planeten mindestens zehntausend Arten gibt. Oder in eine Vogel-, Fisch-, Baum- oder sonstige Pflanzenart. Oder in einen anderen Menschen, vorzugsweise jemanden, der sich von uns unterscheidet, der vielleicht auf andere Art leidet – wie etwa einen Salvadorianer, falls du Nordamerikaner bist und gerade zum Krieg gegen El Salvador neigst. Oder in einen Homosexuellen, falls du stolz darauf bist, heterosexuell zu sein. Oder in einen Schwarzen, falls du weiß bist, und umgekehrt. Wir könnten uns in Musik verlieben, in Dichtung, in ein Gemälde, in einen Tanz. Würden wir uns wöchentlich in eines der Werke Mozarts verlieben, so hätten wir sieben glückliche Jahre vor uns. wie können wir uns da jemals langweilen?

Ja, die Schöpfung hat eine Menge mit dem Verlieben zu tun. Die Überlieferung der Schöpfungsspiritualität beginnt mit der Ehrfurcht, dem Staunen und dem Verlieben. Die erste Empfehlung, die Via Positiva, ist der Lobpreis, der sich aus der Ehrfurcht angesichts unseres Hierseins ergibt.

2. Du sollst dich ins Dunkle wagen *(Via Negativa)*
Meister Eckhart sagt, der Grund der Seele sei dunkel. Daraus folgt, daß wir nie vom Oberflächlichen zum Tiefen gehen können – und um diese Bewegung geht es in jeder spirituellen Reise –, ohne ins Dunkel einzutreten. Eckhart sagt auch, daß Gott überweltliche Dunkelheit sei. Wir können dem Göttlichen nicht nur im Licht begegnen. Göttliches treffen wir in der Tiefe der Dunkelheit ebenso wie im Licht. Uns ins Dunkle zu wagen bedeutet, ins Nichts einzutreten und es Nichts sein zu lassen, während es sein Geheimnis an uns wirkt. Uns ins Dunkle zu wagen bedeutet auch, Schmerz zuzulassen und daraus zu lernen.

Auf der Via Negativa betreten wir den Schatten, den versteckten und verdeckten Teil in uns und der Gesellschaft. Indem wir das tun, stellen wir uns der Verschleierung, die das Üble in uns und der Gesellschaft so oft begleitet. Die Theologin Dorothee Sölle bemerkt, daß es zu einer ungerechten Gesellschaft gehört, das Leid ihrer Opfer zu verschleiern. Diese zweite Empfehlung verlangt von den spirituellen Reisenden nicht nur, Verdrängung und Leugnung aufzugeben, sondern sich tatsächlich auf die Dunkelheit einzulassen, die jedes Leid ausmacht. Da sowohl Verzweiflung als auch Gleichgültigkeit aus verdrängter Wut entstehen, geht es bei diesem Weg des Loslassens auch darum, tiefer zu dringen als Verzweiflung, Gleichgültigkeit, Bitterkeit und Zynismus, die in unserer Seele und unserer Gesellschaft so viel Mißmut erzeugen.

Mystikerinnen und Mystiker sprechen von der »dunklen Nacht der Seele«, die wir alle schmecken. Denn wir alle sind Mystikerinnen und Mystiker, und wir alle gehen durch tiefe Dunkelheiten. Das Dunkle zu betreten ist ein notwendiger Teil der Reise in den Bereich jenseits von Verzweiflung und Betäubung. Joanna Macy schreibt: »Erfahre das Leid. Fürchten wir nicht seine Wirkung auf uns und andere. Wir werden nicht zerrüttet, denn wir sind keine Gegenstände, die zerbrechen könnten.« Sie hält Dunkelheit für etwas zutiefst Gemeinschaftliches: »Im Kummer sind wir zusammen.« Wenn das Herz gebrochen ist, beginnt das Mitgefühl durch es hindurch zu fließen.

Eine Rückkehr zur Dunkelheit ist auch eine Rückkehr in unsere Ursprünge: Im Dunkeln wurden wir empfangen, unsere ersten neun Monate verbrachten wir im Dunkeln, und wir waren in Ewigkeit im dunklen Herzen der Gottheit, die vor der Schöpfung von Feuer und Licht war. Das dunkle Mysterium der Gottheit ruft uns alle, uns ins Dunkle zu wagen.

Ein Teil der Dunkelheit ist auch die Abwesenheit von Worten und Bildern, die Gegenwart der Stille. Aus dem Dunkel ruft uns die Stille. »Was ging dem Wort voraus?« fragt die Dichterin und Töpferin M. C. Richards. Stille und die Empfänglichkeit, die aus dem Lauschen auf die Stille entsteht. Der Dichter Rainer Maria Rilke schrieb, daß derjenige die Wurzeln der Sprache berühre, der innerlich still bleibt. Auf dem zweiten Pfad geht es darum, unsere Empfänglichkeit zu üben und unser Abgeben, unser Daheimsein im Dunkeln, unser Loslassen und Zulassenkönnen.

3. Zögere nicht zu gebären *(Via Creativa)*
Diese Empfehlung stammt aus dem Tagebuch des Psychologen Otto Rank, der diese Eintragung im Alter von sechzehn Jahren machte. Als Kind war Rank sexuell mißbraucht worden und hatte als Teenager oft daran gedacht, sich das Leben zu nehmen. Dieser selbstgegebene Rat war seine Alternative dazu, und seine Philosophie trug erstaunliche Früchte. Denn als Erwachsener widmete er sein Leben der Heilung und Befreiung der verwundeten Künstler seiner Zeit. Es war Rank, der sagte: »Pessimismus entsteht aus verdrängter Kreativität.«

Alle vier Pfade der Schöpfungsspiritualität gipfeln im dritten, der Via Creativa. Pfad eins und zwei führen zu Pfad drei hin, denn wir erschaffen nur aus dem heraus, was wir in Licht und Dunkelheit geschaut haben. Und Pfad vier, die

Via Transformativa, fließt aus der Via Creativa aus, indem wir unsere Phantasie und Kreativität in den Dienst des Mitgefühls stellen.

Die spirituelle Hauptdisziplin der Schöpfungstradition ist auf keinen Fall die Askese, sondern die Entwicklung des Künstlerischen. Im Herzen des geistigen Weges entfalten sich Schönheit und unsere Rolle bei ihrer Miterschaffung. Auf dem dritten Pfad lernen wir, was Eckart meinte, wenn er von der fruchtbaren Schöpferkraft Gottes sprach. In der Kreativität geht es nicht darum, ein Bild zu malen oder einen Gegenstand herzustellen. Es geht darum, mit den Dämonen und Engeln in der Tiefe unserer Seele zu ringen und ihre Benennung zu wagen, sie herauszustellen, so daß sie atmen können und Raum haben und daß wir sie anschauen können. Dieser Prozeß des Lauschens auf unsere Bilder und des Gebärens gestattet es uns, unsere »Feinde«, das heißt unsere Schattenseiten, ebenso zu umarmen wie unsere größten Visionen und Träume. Meditative Kunst wird zur grundlegenden Gebetsform in der Praxis der Schöpfungsspiritualität.

Unsere Kultur schüchtert uns oft ein, wenn wir unserer künstlerischen Berufung folgen wollen. Diese Empfehlung durchbricht die Einschüchterung. Und weil es der Masochist in uns ist, der immer sagt: »Ich kann das nicht, ich kann nichts schaffen«, durchbricht der dritte Pfad auch unseren Masochismus. Weil der Masochist aber auch einen Sadisten braucht, der ihm sagt: »Du kannst nichts, aber ich kann«, stellt sich Pfad drei auch dem Sadismus. Ernesto Cardenal, der ehemalige Kultusminister von Nicaragua, sagte: »Menschen konsumieren nicht Kultur, sondern erschaffen sie.« Eine Kultur ist eine Umgebung, in der Kreativität als großer Wert geschätzt wird, der um Menschen und durch Menschen zustande kommt.

Die *imago dei,* das Inbild Gottes in allen Menschen, ist das Bild der Schöpferin, des Schöpfers. Zu gebären heißt, das Reich der Schöpferin zu betreten und mitschaffend zu werden. Wir stehen der Natur und der Geschichte bei, die Kreativität des Universums weiterzutragen.

4. Seid mitfühlend, wie euer Schöpfer im Himmel mitfühlend ist *(Via Transformativa)*
Vielleicht haben Sie gemerkt, daß diese Empfehlung aus der Bergpredigt Jesu im Lukasevangelium stammt (6,36). Sie faßt seine Lehre zusammen und entspricht dem vielzitierten Satz in der Version der Bergpredigt nach Matthäus, der oft übersetzt wird als: »Seid vollkommen, wie euer himmlischer Schöpfer vollkommen ist« (5,48). Das Problem an dieser Übersetzung besteht darin, daß unser Wort *vollkommen* nicht den wirklichen Sinn des Wortes in Jesu Sprache wiedergibt. Eine bessere Übertragung wäre: *reif* oder *erfüllt*. Und im jüdischen Bewußtsein würde eine solche Reife oder Fülle darin bestehen, so mitfühlend zu sein, wie der/die Göttliche mitfühlend ist. Vollkommen zu sein bedeutet also mitfühlend zu sein.[5]

Die schöpfungsspirituelle Reise gipfelt im Mitgefühl, in der Verbindung mit dem Schaffen von Gerechtigkeit und dem Feiern. Gerechtigkeit und Freude zusammen machen die Erfahrung aus, auf die es beim Mitgefühl ankommt. Die Fähigkeit, unsere wechselseitige Verbundenheit zu erfahren, betrifft sowohl die Freude als auch den Kummer, die wir mit anderen erleben. Im Mitgefühl »küssen sich Gerechtigkeit und Frieden«, wie es der Psalmist sagt (85,11). Unser Handeln ist mitfühlend, wenn es sich aus unserer wechselseitigen Verbundenheit ergibt.

Mitfühlend zu sein heißt auch prophetisch zu sein. Auf dem vierten Pfad sind wir alle zu Propheten gesalbt, und Propheten, Prophetinnen »mischen sich ein«, wie Abraham J. Heschel sagt. Propheten mischen sich in Unrecht ein, in unnötiges Leid, das über die Erde und all ihre Geschöpfe kommt, weil die Menschen Gerechtigkeit und Mitgefühl vernachlässigen. Uns allen gilt dieser prophetische Ruf, uns in Unrecht einzumischen.

Erinnern wir uns daran, daß Gerechtigkeit eine ebenso kosmische wie menschliche Kategorie darstellt. In der gesamten Schöpfung herrschen Gerechtigkeit oder Homöostase, die Suche nach dem Gleichgewicht – in allen Atomen, Galaxien, in der Erde, der Geschichte des Universums. Die menschliche Berufung zu Mitgefühl und Gerechtigkeit ist keine Bürde und hat nichts mit dem Gefühl der Selbstgerechtigkeit zu tun. Es geht darum, daß die menschliche Spezies sich dem Tanz der ganzen Schöpfung um die Suche nach dem Gleichgewicht anschließt.

Die vier Pfade als ein heiliger Ring
Die Beziehungen zwischen den vier Pfaden werden besonders deutlich, wenn wir sie als einen heiligen Ring oder Kreis auffassen, der den vier Himmelsrichtungen entspricht.

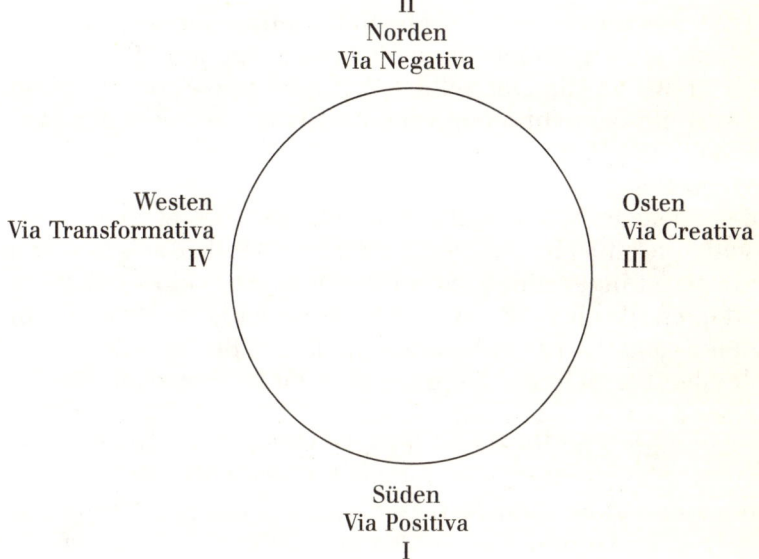

Pfad eins und drei, die Via Positiva und die Via Creativa, hängen auf besondere Weise miteinander zusammen, weil es beiden um Ehrfurcht und Staunen, um Freude und Schönheit geht. Pfad eins ist die Freude und das Staunen, denen wir in der Erfahrung der Schöpfung begegnen. Pfad drei kann Freude und Staunen über das hervorrufen, was Menschen gebären können. Denn schließlich sind auch wir Schöpfung. So ist zum Beispiel ein Gewitter ehrfurchtgebietend, aber das ist auch Beethovens Nachgestaltung eines Gewitters in seiner sechsten Sinfonie. Seine Musik erinnert an das heilige »Wesen« des Gewitters und erweckt Gefühle und Erinnerungen, die wir damit verbinden. Wir können also sagen, daß wir auf der Via Creativa die Ehrfurcht im Universum vermehren. Denken wir nur an das Wunder einer Brücke oder eines Flugzeuges, das schneller als ein Wirbelsturm fliegt. Oder daran, daß wir Satelliten zum Neptun schicken können, die uns nach einer zehnjährigen Reise durch den Raum von dort Fotos schicken, die sechs Stunden brauchen, um zur Erde zurückzukommen.

Die Pfade zwei und vier, die Via Negativa und die Via Transformativa, hängen ebenfalls auf besondere Art zusammen. Wir finden nämlich kein Mitgefühl (Pfad vier), bevor wir in die Dunkelheit von Leid und Schmerz (Pfad zwei) eingetaucht sind. Mitgefühl wird oft aus einem gebrochenen Herzen geboren, und alle wirklich lebendigen Menschen haben ein gebrochenes Herz – die dunkle Nacht der Seele lernen wir alle kennen. Der Kampf in der Geschichte entsteht aus der Erfahrung des Unrechts. Wenn unsere »Eingeweide sich umdrehen«, wie sie es bei Jesus oft taten (das bedeutet nämlich das griechische Wort, das in den Evangelien Jesu Reaktion in seiner Beziehung zu Leidenden bezeichnet), dann beginnt die Leidenschaft für das Schaffen von Gerechtigkeit und für das Schaffen von Gerechtigkeit und für das Feiern. In vieler Hinsicht stellt der vierte Pfad die Reaktion auf das Leiden in der Welt und in uns dar, das wir auf dem zweiten Pfad erleben. Wenn wir aber beim vierten Pfad anlangen, sind wir besser ausgerüstet dank der auf dem dritten Pfad erweckten Phantasie und Kreativität. Wir können auf Leid nicht nur wütend, sondern auch durch schöpferisches und wirksames Handeln antworten, durch ein Handeln, das wirklich heilt. Dennoch ist die prophetische Berufung des vierten Pfades keine leichte. Wir durchlaufen dabei noch mehr von der Via Negativa, indem wir das Leiden anderer zu einem Prozeß gegenseitiger Befreiung aufnehmen.

Wenn Abraham J. Heschel recht hat, der schreibt, daß die

Sünde des Menschen darin liege, daß er nicht lebe, was er ist, dann kommt es wesentlich darauf an, daß wir als Spezies *lernen, wer wir sind.* Die neue Schöpfungsgeschichte hilft uns zu wissen, wer wir sind; und die vier Pfade der Schöpfungsspiritualität helfen uns zu *leben, was wir sind.* Die vier Pfade helfen uns dabei, unsere Geschichte auf einer Ebene zu erzählen, auf der jede unserer Geschichten heilig ist. Jede, jeder von uns hat eine heilige Geschichte zu erzählen. Wir sind eine geistige Spezies und in der Lage, alles in Schönheit zu sehen. Und weil wir geistig sind, sind wir auch in der Lage, alles zu zerstören. Als eine so junge Art auf diesem Planeten, dazu ausgestattet mit solch ungeheuren schöpferischen Kräften, brauchen wir Wege, die uns helfen, jene schöpferische Energie in Richtungen zu lenken, die unsere Leidenschaft zu Mitgefühl reifen lassen.

Charlene Spretnak, die Autorin von *The Spiritual Dimension of Green Politics,* erzählt die Geschichte, wie ihre Tochter aus der Schule kommt, wo sie gehört hat, daß der Mutterboden verschwindet, weil unsere Kultur ihn so mißbraucht. »Mama, tu doch etwas«, forderte sie und griff nach ihrem Arm. – Es scheint mir der Mühe wert, unser religiöses Erbe auf eine Weise zu beleben, daß es den Mutterboden als eine heilige Stätte ehrt und den Menschen eine mystische Beziehung zu ihm beibringt. Wir können unsere Rituale so verändern, daß sie uns die Kraft geben, die Erde schöpferisch gegen Mißbrauch zu verteidigen. Solche Veränderungen in unseren religiösen und geistigen Paradigmen könnten einen wichtigen Schritt bilden zu einer Heilung der Erde.

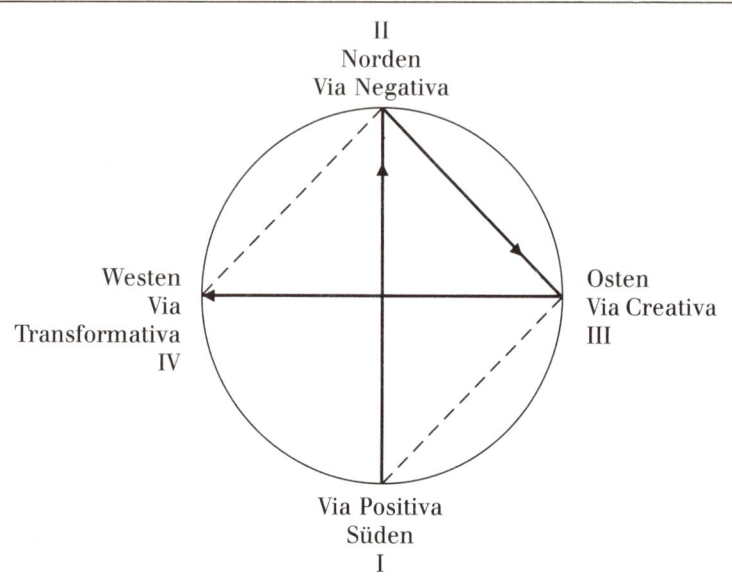

Eine weitere Möglichkeit, die vier Pfade als einen heiligen Ring zu betrachten: Wir sehen die Via Positiva im Süden, woher das Licht kommt, und die Via Creativa im Osten, woher der neue Tag kommt. Die Via Negativa befindet sich im Norden, der Richtung der Dunkelheit und der harten Winter, die viel Mut erfordern. Die Via Transformativa wird durch den Westen bezeichnet, wo die Sonne untergeht. In diesem Kreis besteht ein besonderes Verhältnis zwischen der Via Positiva und der Via Creativa auf der einen und zwischen der Via Negativa und der Via Transformativa auf der anderen Seite. Ziehen Sie die Reise auf den vier Pfaden nach, so ergibt sich ein »Kreuzzeichen«, das beim Körper (dem Süden) beginnt, sich dann zum Kopf (Norden) bewegt, dann zum Osten und Westen. Als erstes wird die Erde im unteren Chakra geehrt – schließlich wurde der Baum des Kreuzes von der Erde genährt und getragen. Und auch der Schöpfer, die Schöpferin wird geehrt, wenn wir an die Erde erinnern. Der befreiende Logos wird an der Stirn geehrt, und der Geist der Weisheit auf der von Ost nach West führenden Achse.

2. Geschenke der Schöpfungsspiritualität

Der Theologe Leonardo Boff fordert die Menschen dazu auf, über die »Wege der Gnade« zu meditieren, die uns als Kraftquellen zur Verfügung stehen. »Wo ist in unserer Wirklichkeit die Gnade verkörpert?« fragt er. Hier folgen einige der Geschenke oder Gnadengaben, die die Schöpfungsspiritualität heute neu bewußtmachen kann.

Eine neue kosmische Schöpfungsgeschichte

Eine neue kosmische Schöpfungsgeschichte ist wichtig, weil der Zusammenhalt aller Völker und Rassen auf einer gemeinsamen Schöpfungsgeschichte beruht. Heute stimmen Wissenschaftlerinnen und Wissenschaftler auf der ganzen Welt in bezug auf die grundlegenden Fakten der neuen Schöpfungsgeschichte überein, und wir haben die Möglichkeit eines globalen Zusammengehörigkeitsgefühls, eines Bewußtseins der menschlichen Rasse als eines einzigen Stammes, der durch eine einzige, wundervolle Schöpfungsgeschichte zusammengehalten wird. Die alten Naturvölker bauten ihre Kulturen auf ihren Schöpfungsgeschichten auf. Das taten auch die Autoren der Hebräischen Bibel, und auch alle vier Evangelien beginnen mit Schöpfungsgeschichten.

Was bringt uns eine Schöpfungsgeschichte? Sie verwurzelt uns in unserer Herkunft und erweckt Ehrfurcht und Staunen darüber, daß wir da sind. Wo das geschieht, sind wir den Manipulationen und Trivialitäten, den Ablenkungen, den Süchten und dem Konsum weniger ausgeliefert.[1] Ehrfurcht und Staunen sind die Reaktionen auf eine reiche Schöpfungsgeschichte. Und die Ehrfurcht sollte auch uns selbst mit einschließen, denn jedes Selbst ist Teil der sich entfaltenden Schöpfungsgeschichte. Wir *fühlen* unsere wechselseitige Verbundenheit mit anderen Geschöpfen und Völkern auf diesem erstaunlichen Planeten, in diesem erstaunlichen Universum mit seiner Billion Galaxien aus je

200 Milliarden Sternen. Indem wir die Schöpfungsgeschichte anhören, lernen wir, wie unwahrscheinlich unser Dasein ist. Warum existieren *wir* und nicht andere, die niemals existiert haben und niemals existieren werden? Womit haben wir unser Dasein verdient? Warum gerade dieses einzigartige Selbst, das ich bin, und nicht eine andere Genkombination, andere Gesichtszüge, eine andere Stimme oder Augenfarbe, andere Eltern oder Geschwister, ein anderer Ort oder ...?

Im Rahmen der modernen kosmischen Schöpfungsgeschichte klingen diese Fragen noch nachdrücklicher, denn die neunzehn Milliarden Jahre währende Geschichte, die unseren Planeten geboren hat, ist gewaltig, komplex und offensichtlich voller Zufall und Glück. Wäre zum Beispiel die Ausdehnung des ursprünglichen Feuerballs über einen Zeitraum von 750 000 Jahren eine millionstel Sekunde schneller oder langsamer verlaufen, oder wäre die Temperatur dieses Feuerballs ein Grad wärmer oder kälter gewesen, dann wären wir jetzt nicht hier. Wenn wir von diesen Entscheidungen hören, die das Universum zu unseren Gunsten getroffen hat, dann drängt es uns, mit Juliana von Norwich, einer englischen Mystikerin des 14. Jahrhunderts, zu sagen: »Wir waren schon vor unserem Anbeginn geliebt.« Dann breitet sich in uns Dankbarkeit aus. Und dankbare Menschen werden auf vielfältige Weise schöpferisch, ihre Phantasie wird freigesetzt, Unterdrücktes wird befreit, die Kraft baut sich wieder auf, und die Großzügigkeit kehrt zurück. Thomas von Aquin lehrt: »Dankbarkeit gibt mehr zurück, als sie empfängt.«

Alle Ursprünge sind heilig. Wahre und frische Geschichten von unseren Ursprüngen zu hören erweckt Ehrfurcht und Achtung. Während der heiligen Reise, auf der wir unsere Schöpfungsgeschichte miteinander teilen, kehren wir zu unseren Ursprüngen zurück.

Kürzlich wurde mir das Privileg zuteil, drei Tage lang mit vierzig Wissenschaftlerinnen, Sozialaktivisten und Künstlerinnen über die neue Schöpfungsgeschichte zu diskutieren. Am Ende des Treffens sprachen wir reihum über unsere

Eindrücke. Bemerkenswerterweise war die Hälfte der Gruppe davon beeindruckt, wie wenig ichbezogenes Konkurrenzverhalten in dieser Gruppe mit vielen Expertinnen und Autoren entstanden war. Für mich ist es klar: Wenn wir unsere Ursprungsgeschichte zum Mittelpunkt unserer Bemühungen machen, braucht das Ego weder aufgeblasen noch klein gemacht zu werden – es findet seinen angemessenen Platz. Weil in unserem Raum so viel *Achtung* entstanden war, wurde mit dem Ego in einem gesunden, kosmologischen Rahmen umgegangen. Die Achtung entstand aus unserer gemeinsamen Konzentration auf unsere heilige Ursprungsgeschichte.

Die menschliche Sehnsucht nach einer Schöpfungsgeschichte entsteht nicht nur aus Neugier über unsere Herkunft, sondern richtet sich auch auf unser Schicksal. Thomas von Aquin sagt: »Da das Ende einer Sache ihrem Anfang entspricht, können wir über das Ende der Dinge nicht in Unkenntnis bleiben, wenn wir um ihren Anfang wissen.« Kann sich die Menschheit heute also einen gemeinsamen kosmischen Ursprung bewußtmachen, dann können wir auch wieder unser gemeinsames Schicksal deutlicher sehen und entsprechend handeln. Unsere Ethik wird sich aus unserem gemeinsamen Ursprung und Schicksal ergeben, dem Alpha und Omega unseres Lebens. Unsere Quelle und unser Ziel werden zusammen auftauchen. Wir werden lernen, einer »Option für die Armen« zuzustimmen, weil die Schöpfungsgeschichte uns zeigt, daß wir im Ursprung alle arm sind, wir alle werden nackt und abhängig geboren als unwahrscheinliche Bewegung in einem gewaltigen kosmischen Tanz; niemand von uns hat es sich verdient. Wenn wir leiden und nicht alle gerettet werden, dann wird niemand gerettet, und das Geschenk kann nicht weitergegeben werden.

Erweckte Mystik

Als zweiten Weg der Gnade eröffnet uns die Schöpfungsspiritualität eine erweckte Mystik. Ohne lebendiges Feiern und ohne Ehrfurcht kann niemand gnadenvoll oder friedvoll, freudig oder gerecht leben.²

Das Wort *Mystik* bedeutet etymologisch »in die Mysterien einzutreten«. Heute erzählt uns die neue Schöpfungsgeschichte, daß wir vom Mysterium umgeben sind: Eine Ulme, die jährlich sechs Millionen Blätter hervorbringt, ist ein Mysterium; Mysterien sind auch unsere Blutzellen, die parallele Strukturen zu den Chloroplasten aufweisen, die die Pflanzen grün machen, bis auf ein Eisenatom anstelle eines Magnesiumatoms. Jedes Organ unseres Körpers geht hervor aus einer Geschichte von neunzehn Milliarden Jahren, die es zu einer Quelle des Staunens und der Ehrfurcht machen. Das Heilige ist das Ehrfurchtgebietende.³ Fehlen einer Gesellschaft Ehrfurcht und Mystik, so wird ihr Leben belanglos. Abraham J. Heschel sagt: »Verlierst du die Ehrfurcht und läßt den Stolz deine Achtung vermindern, dann wird dir die Welt zu einem Marktplatz werden.«

Nach einem Vortrag in Paolo Alto in Kalifornien kam ein Mann zu mir und sagte: »Ich bin Hirnforscher an der Stanford Universität. Seit zwanzig Jahren habe ich mich ausschließlich mit der rechten Hirnhälfte beschäftigt und bin nun soweit, meine Ergebnisse zu veröffentlichen. Ich habe dabei erkannt, daß die rechte Gehirnhälfte im wesentlichen mit Ehrfurcht zu tun hat.«

Die echten Mystikerinnen und Mystiker, die ich kennengelernt habe, zeichneten sich dadurch aus, daß sie die kindliche Art zu staunen nie verloren haben. Schließlich liegt das Mystische in uns in dem göttlichen Kind, das im Universum spielen möchte. Eine Kosmologie ermöglicht uns, wieder unseren Ort im Universum zu finden. In den vergangenen dreihundert Jahren hat unsere Zivilisation, des mystischen Kosmos beraubt, die Ehrfurcht auf die je neueste menschliche Erfindung reduziert. Das hat zu einer Entfremdung des Individuums von sich selbst, vom Künstler und dem Mystiker in ihm geführt. Isoliert vergötzen wir nun den Konsum, wobei wir kaufen statt hervorzubringen. Die Wiederentdeckung der Schöpfungsmythen und -riten dagegen fordert unsere Zeit zu einem mystischen Erwachen auf. Joseph Campbell sagt es so: »Die erste Funktion der Mythologie – der Mythen und mystischen Riten, der heiligen Gesänge und zeremoniellen Tänze – besteht darin, in den Menschen ein Gefühl der Ehrfurcht zu erwecken, des Staunens, und eine Teilhabe am unergründlichen Mysterium des Daseins.« Die Schöpfungsspiritualität kann das tiefe, leidenschaftliche und frohe Gefühl für Riten wiedererwecken, das menschliche Gemeinschaften brauchen, um zu überleben und einander ein gesundes Leben zu lehren.

Tiefenökumene

Indem die Schöpfungsspiritualität unsere mehr ästhetische als asketische Fähigkeit zu kosmischen Riten und zur Mystik wiedererweckt, fördert sie bei allen Weltreligionen eine Bewegung, die wir als Tiefenökumene bezeichnen können. Diese ökumenische Bewegung beruht weniger auf theologischen Positionspapieren als auf gemeinsamer mystischer Praxis. Das Herz dieser Tiefenökumene liegt dort, wo wir uns in Schwitzhütten und bei Zeremonialtänzen, bei alten und neuen Riten treffen und gemeinsam Ehrfurcht erfahren. Diese Bewegung hat unüberschaubare Folgen, denn noch nie zuvor waren sich die Weltreligionen so nahe, wie sie es heute im tiefen Bewußtsein des Bedürfnisses aller nach Weisheit sind. Angesichts der Einladung zum Ritual, die den Kern der neuen Schöpfungsgeschichte bildet, und angesichts der die Erde bedrohenden Gefahr können unsere Religionen nicht darauf verzichten, ihre Weisheit miteinander zu teilen und von Herzen miteinander zu beten.

Eine neue Geschichte der Geschichte

Die von Riten, Mythen und Zeremonien durchtränkte neue Schöpfungsgeschichte erzählt uns auch eine neue Geschichte unserer Geschichte. Sie stellt die menschliche Geschichte in den Rahmen der kosmischen. Sie rückt zum Beispiel die brudermörderischen Kriege der Menschen in die rechte Perspektive, denn sie zeigt uns die Relativität aller menschlichen Ideologien, Nationalstaaten und religiösen Epochen. Sie stellt unsere menschlichen Probleme in die Perspektive anderer Spezies und gibt damit unserer Phantasie, die unser größtes Potential bei der Lösung von Problemen ist, größeren Spielraum. Wenn wir mit Leonardo Boff Spiritualität definieren als: »Gott in der Geschichte treffen«, und wenn sich jetzt eine neue Epoche der Geschichte eröffnet, dann kommt auch ein neues Zusammentreffen mit Gott auf uns zu, mit einem weniger kriegerischen und weniger patriarchalen Gott, einem Gott, der eher Mitgefühl, Gerechtigkeit, Feier, Schönheit und Kreativität ermöglicht.

Die Schöpfungsspiritualität lädt nicht nur diejenigen Menschen, die seit Jahrhunderten ignoriert wurden, ein, Subjekte der Geschichte zu werden; sie ermächtigt sie auch, Mitschaffende an einer neuen Vision von Geschichte zu werden. »Gott ist der Eine, der immer derjenigen gedenkt, die die Geschichte vergessen hat«, sagte Bartolomé de las Casas, der sich im sechzehnten Jahrhundert für die eingeborenen Völker Amerikas einsetzte. Mystiker und Künstlerinnen, Frauen und sexuelle Minderheiten, die ANAWIM (die ohne Stimme), sind eingeladen, ihren Platz als Subjekte der Geschichte einzunehmen. In dieser neuen Geschichte wird in einzelnen und in der Gesellschaft sowohl das Mystische als auch das Prophetische genährt. In dieser Geschichte wird weniger der einzelne Held zum Vorbild erhoben als die ganze mystisch-prophetische Gemeinschaft. Die Schöpfungsspiritualität lehrt, daß die Geschichte dieses Planeten und seiner noch kommenden Kinder der heutigen Menschheit anvertraut ist. Deshalb müssen unsere spirituellen und ethischen Lebensformen der kommenden Schönheit wert sein. Allen ist dieser Sinn anvertraut, alle haben eine Gabe, die sie dem Kosmos zurückgeben können. Die Schöpfungsspiritualität hilft, den Bruch zwischen Geschichte und Mysterium, zwischen Prophetie und Mystik, zwischen sozialem Wandel und persönlichem Wachstum, zwischen Menschheit und Schöpfung zu heilen.

Vor ein paar Jahren leitete ich Einkehrtage in Corrymeela, einem nordirischen Friedenszentrum, wo Katholiken und Protestanten zur Heilung und Erneuerung zusammenkommen. Bevor ich dort hinging, traf ich mich mit einigen Nordiren, um mir Rat zu holen. Ein sehr lautstarker Mann riet mir, nicht hinzugehen. »Wir befinden uns im Krieg«, sagte er. »Wir wollen nichts über den Kosmos und über Kreativität hören, über Bilder und Kreistänze.« Ich fuhr trotzdem. Etwa sechzig erschöpfte Menschen kamen zu den Einkehrtagen in das Zentrum. Sie sahen aus, als trügen sie die zwölf Kriegsjahre auf ihren Schultern, und das war wohl auch der Fall. Ich holte die Buntstifte heraus, und wir durchliefen die vier Pfade der Schöpfungsspiritualität, indem wir Bilder malten, Geschichten erzählten und diskutierten. Wir beendeten unsere gemeinsame Zeit mit einem Spiraltanz und anderen Kreistänzen auf einer zum Meer hin gelegenen Wiese. Am Ende des Tages hüpften die Leute buchstäblich herum, und eine Frau kam und sagte: »Dieser eine Tag hat mir die traurige Geschichte der letzten zwölf Jahre in eine ganz andere Perspektive gestellt.«

Eine ganz andere Perspektive – damit kann die Phantasie wieder frei fließen, und so kann Heilung entstehen. Durch Rituale zur Wiederentdeckung vergangener Weisheit finden wir auch eine neue Sicht der Geschichte, die uns zu dem gemacht hat, was wir sind. Meister Eckhart zum Beispiel ist von Amerikanern hauptsächlich durch die schöpfungsspirituelle Bewegung entdeckt worden, nicht nur aufgrund der Übersetzung seiner Werke, sondern durch eine Hermeneutik (Interpretation mit Hilfe der vier Pfade), die uns die Tiefe und den Humor, die Freude und Gerechtigkeit in seinen Lehren neu erleben läßt. Mechthild von Magdeburg, die ihr Leben ganz den Armen und Kindern widmete, entdecken wir neu als eine Zeugin der mystischen Reise, die im Mitgefühl gipfelt. Franz von Assisi wird von der »Vogelpredigt«-Sentimentalität befreit, die lange Zeit seine radikale Botschaft des einfachen und ökologischen Lebens entstellt hat. Und Nikolaus von Kues taucht aus der Verborgenheit auf und lehrt uns seine kosmische Sicht der Religion und des Lebens. Auch Juliana von Norwich und Dante treten aus dem Schatten des Mittelalters, um uns erneut ihre Erkenntnisse über den Kosmischen Christus, den Panentheismus und die politischen Konsequenzen daraus mitzuteilen. Der bislang nur von rationalistischen »Thomisten« in Anspruch genommene Thomas von Aquin kann nun verstanden werden als das größte kosmologische Genie des Abendlandes mit einer unstillbaren Leidenschaft für Wissenschaft, Psychologie, Mystik und Kunst. Die Schöpfungsspiritualität betrachtet auch die Bibel neu und stellt ihr neue und doch uralte Fragen. Sie ehrt besonders auch die Weisheitsliteratur und die Überlieferung des Kosmischen Christus.

Indem wir so eine neue Sicht gewinnen, erwerben wir uns mächtige Hilfsmittel für das Verständnis unserer heutigen Reise. Wir regen Vorstellungen an, ohne die die Reise nicht stattfinden könnte, und wir stellen uns in die fröhliche Reihe einer achtbaren Gemeinschaft von Heiligen. Unsere Vorfahren verdienen es, durch uns heute wieder sprechen zu können. Die Schöpfungsspiritualität läßt die besten, oft vergessenen oder unterdrückten Elemente unserer Tradition aus dem Schatten wieder ans Licht kommen.

Die Rückkehr der Künstler und Künstlerinnen

Ein weiteres Geschenk der Schöpfungsspiritualität liegt darin, daß wir Künstlerinnen und Künstler wieder willkommen heißen können. Zu lange waren sie von der Gemeinschaft abgeschnitten und durften sich nicht als Teil von ihr fühlen. Sie wurden in der jüngsten westlichen Geschichte verunglimpft, und es entstanden entfremdende und isolierende Mythen über ausgeflippte, alkoholisierte und neurotische Künstler. Viele dieser Mythen wurden zu sich selbst erfüllenden Prophezeiungen, denn ohne eine lebendige Kosmologie können Künstlerinnen und Künstler nicht überleben, und nur wenige konnten eine solche in der Gesellschaft entdecken.

Die schöpfungsbezogene Tradition holt die Künstler aus der Entfremdung der Kommerzialisierung und der Säkularisierung der Kunst. Ich erinnere mich daran, wie ich vor ein paar Jahren in London ein Seminar über die vier Pfade bei Meister Eckhart gab. Anschließend sagte mir eine sehr fröhliche Teilnehmerin, eine Schauspielerin an einem Londoner Theater, wie gern sie es sehen würde, wenn ich wiederkäme und ein ähnliches Seminar nur für Theaterleute gäbe. »Unsere Welt ist derart kommerzialisiert worden«, meinte sie, »wir sind aber wegen seiner Geistigkeit zum Theater gegangen; aber es ist nur so wenig Geist übriggeblieben.«

Wir haben kaum eine Ahnung davon, welche Kraft freigesetzt würde, wenn die Künstlerinnen und Künstler wieder in die Bildung und Religion, in die heilenden Künste zum Dienste an den Menschen eingeladen würden. Niemand kann vorhersehen, welche Gaben die menschliche Phantasie für uns bereit hält, denn Phantasie ist ein Mysterium, ein Lager voller Geheimnisse, die ungenutzt bleiben, bis eine echte Einladung sie für uns weckt. Künstler und Künstlerinnen benennen das heilige »Sein« in all seinen Formen, in frohen und schönen, traurigen und tragischen. Wir brauchen sie, um unsere gemeinsame Seinserfahrung benennen zu können, um uns darauf hinzuweisen, wann das »Sein« uns berührt hat, und uns beim Danken zu helfen.

Die Schöpfungsspiritualität ruft das Künstlerische in jedem Menschen hervor. Das ist ein zwar gefährlicher, aber auch notwendiger und fröhlicher Teil in jeder Befreiung. Das Erleben unserer Kreativität hat immer auch mit einer Rückkehr zu unseren Ursprüngen zu tun und führt zu einer

Wiedergeburt des Selbst, das den Schlüssel für die Wiedergeburt aller gesellschaftlichen Leiden und erschöpften Strukturen enthält. Robert Fox, der achtundzwanzig Jahre lang als Straßenpriester in Harlem arbeitete, sagte oft, *das einzige, was Außenstehende für die Ärmsten der Armen tun könnten, bestünde darin, ihre Kreativität zu wecken.* Ist das geschafft, so werden die Armen sich selbst weiter befreien.

Die Wiederentdeckung des Mitgefühls

Die Schöpfungsspiritualität hilft uns dabei, die Bedeutung des Mitgefühls wiederzufinden. Eckhart sagt, daß der erste Ausbruch in allem, was Gott tut, Mitgefühl sei – und faßt damit das Beste aller spirituellen Traditionen zusammen, seien es östliche oder westliche, nördliche oder südliche. Wenn wir als Töchter und Söhne Gottes bezeichnet werden, ist das ein Aufruf zum Mitgefühl, denn Gott ist der/die Mitfühlende, wie es die Hebräische Bibel lehrt und wie es auch Jesus verstand. Mitgefühl ist die Essenz aller Lehren Jesu und wohl der Lehren aller großen Geister von Mohammed bis Jesaja, von Laotse bis Häuptling Seattle. Doch ist das Mitgefühl als »Barmherzigkeit« sentimentalisiert und von seiner Verbindung mit dem Schaffen von Gerechtigkeit und Feiern getrennt worden. Die Schöpfungsspiritualität setzt das Juwel des echten religiösen Glaubens wieder in die Matrix des Mitgefühls ein.

Dadurch verknüpft die schöpfungsbezogene Überlieferung den Kampf um Gerechtigkeit mit der Sehnsucht nach Mystik. Die Bedürfnisse der Gemeinschaft werden zu denen des Individuums und umgekehrt. Prophetie – der Kampf um Gerechtigkeit – und Mystik – das Erleben von Ehrfurcht, Staunen und Freude – stehen in einem dialektischen Verhältnis, in einer Spannung, die wiederum neue Möglichkeiten für einzelne und die Gesellschaft hervorbringt.

Die Schöpfungsspiritualität besteht aber darauf, daß Gerechtigkeit nicht nur zwischen Menschen gelten darf, sondern für die ganze Erde – Gerechtigkeit zwischen Menschen, der Erde und all ihren Geschöpfen. Wenn wir uns nicht auch für Gerechtigkeit gegenüber unserem Zuhause, unserem Planeten Erde, einsetzen, können wir keine echte Gerechtigkeit zwischen Menschen erlangen. Es gibt keine Wahl zwischen menschlichen und nicht-menschlichen Formen. Der Regenwald kann im Kampf um Gerechtigkeit nicht warten, bis die Menschen erst die ihre erreicht haben. Dazu hängt alles zu eng miteinander zusammen.

Der Kampf für das Recht der Wale und des Bodens, der Wälder und der Luft kann außerdem auch die Phantasie von Menschen erfassen, die menschlichem Unrecht gegenüber anscheinend gleichgültig sind. Setzen wir uns im Befreiungskampf für irgendein Geschöpf Gottes ein, so machen wir uns schließlich auch ansprechbar für das Wohlergehen der gesamten Schöpfung. Denn wie die Mystiker schon immer wußten und wie die moderne Wissenschaft soeben herausfindet, steht Mitgefühl für die wechselseitige Abhängigkeit aller Dinge – so sah es Eckhart. Auch Hildegard schrieb davon, daß alles von Verbundenheit durchdrungen sei. *Mitgefühl ist das Wirken aus unserer gegenseitigen Verbundenheit, es ist die Praxis der gegenseitigen Verbundenheit.*

Die Erlösung des Gottesdienstes

Eine Theologie des Kosmischen Christus macht uns bewußt, daß jedes Geschöpf ein lebendiges Bild der Gottheit ist. Erinnern wir uns wieder an den Kosmischen Christus, so kann auch der Kult erlöst werden. Ein Kult, der grau und langweilig ist, zu bequem oder allzu tröstlich, ein Gottesdienst, der uns nicht wandelt und deshalb tot ist, ist eine Folge des Anthropozentrismus. Das Universum ist nicht langweilig. Kein einziges Atom, keine Blume, kein Lichtstrahl, kein Insekt, kein Wal, Mensch oder Stern ist langweilig. Wenn schon die Schöpfung nicht langweilt, warum sollten es dann die Gottesdienste tun? Wir machen unseren Kult nur dadurch langweilig, daß wir die Schöpfung herauslassen und Gottesdienste auf menschliche Dimensionen reduzieren. Zugleich sind unsere Seelen aus zuviel Angst, Geschäftigkeit, Zwang oder Kontrolle geschrumpft.

Liturgie bedeutet »Dienst am Volk«, und Gottesdienst wird, wie schon Thomas von Aquin lehrt, für die Menschen gehalten, nicht für Gott. Wirkt ein Kult nicht mehr auf die Menschen, weil seine Formen überholt sind, dann müssen diese Formen verändert werden. Die Schöpfungsspiritualität lädt uns ein, die Formen der abendländischen Gottesdienste zu verändern, so daß wir darin unserer neuen Kosmologie Ausdruck verleihen können.

Die Wiederentdeckung der alten Überlieferung des Kosmischen Christus erweckt in uns wieder die heilige Gegenwart des Kosmos im Kult. Sie ermöglicht, ja fordert es, daß wir uns im Ritual wieder bewegen, daß die Gemeinschaft unserer Körper zu lebenden Rosenkränzen wird, zu wirbelnden Galaxien, die etwas über unsere Reise durch das Universum aussagen. Darin vereinen sich jung und alt, Gebildete und Ungebildete, denn darin sind die Anbetenden aufgefordert, ihre Bücher wegzulegen, ihre Brillen abzunehmen und sich wieder in einfachen Kreisen zu bewegen. Weil das Kind in uns und die Kinder unter uns in einen solchen Kult zurückgeholt werden, wird daraus eine heilende Handlung für das verwundete Kind in uns allen, für das unterdrückte Kind in unserer Kultur, für die Sehnsucht aller bequem gewordenen Erwachsenen, *loszulassen.*

Wo Wissenschaft, Mystik und Kunst wieder zusammenkommen, wird unser Kult uns wieder erfreuen, erstaunen, locken und kräftigen. In einem solchen Rahmen werden wir geheilt, weil der Kosmische Christus heilt. Ich habe noch nie Rituale durchgeführt – weder auf den windigen Feldern Neuseelands noch in der großen Halle von Fort Mason in San Francisco –, bei denen nicht alle Außenstehenden mit ihrer Tätigkeit innehielten, um zuzuschauen oder, falls möglich, mitzumachen. Wenn schöpfungsbezogene Rituale gefeiert werden, stellen Jungen ihre Räder ab, legen Jugendliche ihre Skateboards weg und drücken alte

Männer ihre Nasen an die Glasscheiben, um hineinzusehen. Menschen sind eine liturgische Spezies. Wie andere Tiere auch können wir nicht ohne Rituale leben.

Das Ende der Schuldgefühle

Die Schöpfungsspiritualität öffnet einen Weg der Gnade, indem sie das Ende der internalisierten Unterdrückung der Schuldgefühle und des Selbsthasses verkündet. Wir sind nicht hier, um unser Dasein zu beklagen, um uns oder anderen Vorwürfe zu machen oder in unserer Sündhaftigkeit zu schwelgen. Vielmehr sind wir da, um Segen für Segen zurückzugeben und unsere Begabungen der größeren Gemeinschaft zu schenken. Otto Rank definierte Künstler als diejenigen, »die eine Gabe zurückgeben wollen«. Und in allen Neurosen sieht er die Folge davon, daß der Künstler, die Künstlerin in uns verunglückt ist. Ganz und heil sind wir nur, wenn wir schöpferisch sind.

Die Schöpfungsspiritualität fördert die Heilung, weil sie das Herz erweitert. Das englische und französische Wort *courage* bedeutet »Herzerweiterung«. *Courage,* Mut, ist Grundbedingung aller Tugenden, denn mit Mut ist alles möglich, ohne ihn geschieht jedoch nur Mickriges. Eine Zunahme der Phantasie führt oft zu einer Zunahme an Mut, denn wir bleiben stecken, wenn wir keinen Ausweg mehr sehen aus der Angst, den Schuldgefühlen oder dem Selbsthaß, die uns einkerkern. Die Phantasie zu erwecken erweckt und erweitert das Herz.

Vorbeugung und Heilung der Sucht

Die Schöpfungsspiritualität bietet eine Medizin, die sowohl gegen Sucht vorbeugt als sie auch heilt. Sie reicht an den Kern der Suchtstrukturen im Verhalten, weil sie die Menschen wieder mit ihren Gefühlen in Verbindung bringt. Drogen werden oft genug eingenommen, um die Gefühle der Leere zu dämpfen. Wie Anne Wilson Schaef sagt, fördert das Suchtsystem die Sucht, um die Menschen von ihren Gefühlen und ihrer Bewußtheit fernzuhalten, damit sie das System nicht herausfordern können. In diesem System, so schreibt sie, »lernen wir, nicht wir selbst zu sein. Wir verlieren die Berührung mit uns selbst und holen uns äußerlich Anerkennung.« Im Kontrast zu der äußerlichen Beachtung, die im Suchtsystem eine Rolle spielt, rät der Mystiker Meister Eckhart: »Werdet euch bewußt, was in euch ist. Verkündet es, stellt es heraus, bringt es hervor und gebärt es.«

Schon der Definition nach ist die Mystik eine Öffnung gegenüber dem kosmischen Wunder und dem kosmischen Leid. Die Via Creativa durchbricht die Leere und ermächtigt uns, ganz wir selbst zu sein, unser »wahres Selbst« in Worten, Farben, Tanz und jeglicher Arbeit auszudrücken. Durch die Via Creativa erhalten wir die Kraft, »wir selbst« zu sein und uns von innen her wertzuschätzen, wie Eckhart es fordert. Dann geht die Via Creativa in die Via Transformativa über, in welcher wir tatsächlich das System herausfordern und Alternativen für soziale Gleichgültigkeit und Unrecht aufzeigen.

Die Feier der Jugend

Die Schöpfungsspiritualität ehrt die Jugend, weil sie den Wert alles Jungen feiert, das neunzehn Milliarden Jahre währende Sehnen des Universums nach der einzigartigen Existenz jedes neuen Wesens. Alle menschlichen Stämme haben ihre Schöpfungsgeschichte an die Jugend weitergegeben, um sie zu großen Taten zu inspirieren, zu dem kosmischen Abenteuer, das ihnen die Geburt gegeben hat und das sie aufruft, diesen Prozeß fortzusetzen. Die Jugend braucht eine Vision und hat auch ein Recht darauf. In der Erneuerung des Kultes und der Erziehung schafft die Schöpfungsspiritualität eine solche Vision. Sie läßt der Größe jeder individuellen Seele Raum und setzt sie in den funkensprühenden Rahmen des Kosmos. Mit der Kreativität lernen wir auch Disziplin. Und die Disziplin ist eine Freundin der Jungen, denn sie hilft ihnen, zu sich zu finden und heranzuwachsen, ohne den Kontakt mit dem eigenen und wahren Selbst zu verlieren.

Außerdem ehrt die Schöpfungsspiritualität das Jugendliche in jedem Menschen, indem sie den »Adultismus« bekämpft, die Neigung, alles bei den Älteren anzusammeln, bei den Mächtigen, den Reichen und Entscheidungsbefugten der Gesellschaft. Die Schöpfungsspiritualität feiert das göttliche Kind in jedem Erwachsenen und lädt Erwachsene damit ein, loszulassen und wieder jung zu werden. Sind Erwachsene dazu bereit, so blühen auch die Jüngeren auf, weil das Gespräch zwischen den Generationen eine Sache der Gegenseitigkeit wird und nicht länger eine Angelegenheit der Bevormundung und der Abhängigkeit. Die Erwachsenen können die Jüngeren achten, statt überheblich zu sein.

Die Schöpfungsspiritualität verteidigt auch insofern die Jugend, als sie sich für die Gesundheit von Mutter Erde einsetzt, für ihr Wasser, ihren Boden, ihre Wälder, die Luft und die anderen Geschöpfe. Sie gibt der Jugend Hoffnung, weil sie wirksam Widerstand leistet gegen jene, die die Erde zerstören. Und für diese Verteidigung setzen sich auch Erwachsene ein. Denn die jetzige Jugend und ihre Nachkommen werden am meisten darunter zu leiden haben, wenn die Erde, die sie erben, entheiligt ist.

Loslassen

Die Schöpfungsspiritualität bietet einen Weg der Gnade an, indem sie die Menschen ermutigt loszulassen. Sie lehrt, daß der Vorgang des Loslassens ebenso notwendig wie schöpferisch ist. Denn vor der Kreativität kommt das Leerwerden und das Empfangen. Daß das Loslassen den Kern des geistigen Wachstums bildet, ist sowohl für die überentwickelten als auch für die unterentwickelten Völker eine gute Nachricht. Denn es gibt einen Zusammenhang zwischen der Tatsache, daß einige zuviel und andere zuwenig haben. Ein Gleichgewicht zwischen der »Ersten Welt« und der »Dritten Welt« ist auf keinem Weg zu erlangen, auf dem die »Erste Welt« nicht lernt loszulassen. John Robbins zeigt z. B. in seinem Buch *Diet for a New America,* daß jährlich sechzig Millionen Menschen ernährt werden könnten, wenn allein die Nordamerikaner Land für Getreideanbau einsparten, indem sie auf nur zehn Prozent ihres Fleischkonsums verzichteten. Welcher Nordamerikaner wäre dazu wohl nicht in der Lage? Loslassen ist das Herz des geistigen Wachstums und der ökonomischen und ökologischen Gerechtigkeit.

Der Dichter und Landwirt Wendell Berry machte in einem Interview vor kurzem einen weiteren Vorschlag zum Loslassen. Berry wurde danach gefragt, wie ernst das Interesse an Umweltfragen genommen werden könne, das sich an Ereignissen wie dem *Earth Day* gezeigt habe. Er antwortete: »Ich glaube, daß wir es erst dann ernst nehmen können, wenn die Leute anfangen, ernsthaft über die Senkung unseres Lebensstandards zu reden. Erst wenn die Menschen den Überfluß, das wirtschaftliche Wachstum und den ungehemmten ökonomischen Wettbewerb als Feinde der Umwelt sehen, können wir es ernst nehmen. Die Leute sagen aber: Gebt uns alles, was wir wollen, *plus* eine saubere Umwelt. Und das ist unmöglich.«[4]

Nach dem Matthäusevangelium geht Loslassen – Umkehr – der Gerechtigkeit voraus. Wir müssen loslassen, Pfad zwei folgen, bevor wir Gerechtigkeit schaffen können (Pfad vier). Das Loslassen ermöglicht uns Menschen der überentwickelten Welt auch, die Verleugnungen aufzugeben und die Wahrheit anzunehmen. Es geht nicht darum, in Sack und Asche zu gehen. Loslassen kann in Feiern und Ritualen geschehen, in denen wir trauern können und die uns zugleich Inspiration für den jeweils nächsten Schritt im Aufbau neuer Beziehungen geben. Stellen wir uns nur vor, welche Rituale sich um das Loslassen von hundert Milliarden Dollar Verteidigungsetat entwickeln könnten, der dann zugunsten einer wirklichen Verteidigung unserer Zukunft eingesetzt würde, indem wir Gifte beseitigen, der Jugend eine gute Ausbildung geben, Drogenabhängige rehabilitieren, den Bedürftigen Gesundheitsfürsorge anbieten, den Obdachlosen Häuser bauen und den Arbeitslosen gute Arbeit schaffen.

Neue Kraft für ein ökologisches Zeitalter

Die Schöpfungsspiritualität gibt uns Kraft für ein ökologisches Zeitalter, für eine Zeit, in der wir nicht mehr zu einer Gottheit *aufschauen,* sondern uns nach ihr *um*schauen – in unserer *Um*welt. Eine panentheistische Frömmigkeit sieht »alle Dinge in Gott und Gott in allen Dingen«, wie Mechthild von Magdeburg schrieb. Diese Spiritualität fordert uns auf, uns nach dem Göttlichen *um*zusehen, das sich sowohl im Glanz als auch im Leid dieser Zeit findet. Als Jesus predigte, das Reich Gottes sei *unter* uns, predigte er eine panentheistische Beziehung zur Gottheit. Unsere Fähigkeit, Göttliches überall um uns herum zu erleben, bezeichnen wir als Mystik.

Ökologie bedeutet: Lehre von unserem Haushalt. Vom Geschenk der neuen Schöpfungsgeschichte lernen wir heute, daß unser Haushalt, die Erde, im Universum eine besondere Errungenschaft darstellt. Und ein größeres ökologisches Bewußtsein lehrt uns, wie sehr dieser Haushalt gefährdet ist. Aus der Kosmologie lernen wir außerdem, daß unser gemeinsames Heim nicht nur dieser erstaunliche Planet ist, sondern das gesamte Universum mit seiner Billion gegenseitig abhängiger Galaxien. Alle Ökologie muß deshalb in einen kosmologischen Rahmen gestellt werden.

Im zwölften Jahrhundert machte der Philosoph Adelard von Bath die Bemerkung, daß die Menschheit, wenn sie die bewundernswerte Schönheit des Kosmos nicht erkennen könne, aus demselben herausgeworfen gehöre, so wie man einen Gast aus einem Haus wirft, der die ihm angebotene Gastfreundschaft nicht beachtet. Das erleben wir heute als Wirklichkeit, und das zukünftige Leben auf diesem Planeten ist tatsächlich höchst gefärdet.

Abraham J. Heschel lehrt, daß es drei Möglichkeiten gebe, wie wir Menschen auf die Schöpfung reagieren können: »Wir können sie ausbeuten, wir können uns daran erfreuen, oder wir können sie voll Ehrfurcht annehmen.« Sie voll Ehrfurcht anzunehmen, der Weg der Schöpfungsspiritualität, würde eine völlige METANOIA (Umkehr, Sinneswandel) für die westliche Zivilisation bedeuten. Die Geschenke der Schöpfungsspiritualität können dabei helfen, einen solchen Wandel herbeizuführen.

3. Geschenke der Weisheit
Regeln für das Leben im Universum

Es ist ein großer Segen, das Universum wieder als unser Zuhause ansehen zu können. Die Menschen des Abendlandes sind dem Universum zu lange entfremdet gewesen und in einer nur auf den Menschen zentrierten Welt steckengeblieben. Die neue kosmische Geschichte kann uns dabei helfen, diese Entfremdung zu überwinden. Dann kehren Ehrfurcht und Freude zurück. Der Psalmist schreibt: »Wir sind trunken von der Schönheit deines Hauses«, und Thomas von Aquin nennt dieses Haus das Universum. Das Universum ist wahrhaftig eine berauschende Quelle. Doch wie bei jeder anderen Trunkenheit bedarf es der Disziplin, damit wir von ihrer Gewalt nicht überwältigt werden. Derartige Disziplinen gipfeln in Lebensregeln, von denen ich im folgenden einige bespreche. Die Regeln benennen die Verantwortung, die wir für das Leben in diesem Hause tragen.

Die Ureinwohner Australiens, der älteste Stamm auf diesem Planeten, sagen, daß »unsere Traumzeit uns die Regeln für das Leben in dieser Umwelt gibt«.[1] Allen Weisheitslehren ist die Vorstellung gemeinsam, daß wir unsere Moral und Ethik aus der Kenntnis der Welt erhalten. Abraham J. Heschel etwa sagt, Ehrfurcht sei der Anfang aller Weisheit, und Lob gehe dem Glauben voraus. Weisheit bedeutet, harmonisch in einer Welt zu leben, die ein Ort der Ordnung und Gerechtigkeit ist, die über das Chaos triumphiert und den Zufall für ihre Ziele einsetzt.

Überfluß

Annie Dillard schreibt: »Jede Landschaft enthüllt mit Sicherheit eines: Grundbestand der Schöpfung ist die verschwenderische Geste.« Und sie fährt fort: »Vor allem ist die Natur verschwendungssüchtig. Glaube ihnen nicht, wenn sie dir erzählen, wie ökonomisch und sparsam die Natur sei, deren Blätter wieder in den Boden zurückkehren. Wäre es nicht billiger, sie von vornherein auf den Bäumen zu lassen? ... Die Natur will alles einmal ausprobieren. ... Das ist eine großzügige Wirtschaft, in der alles ausgegeben wird, obwohl nichts verlorengeht.«

Die Natur gibt vieles fort – im Überfluß. Die gesamte Energie zum Beispiel, die die Sonne unserem Planeten gibt, ist nicht mehr als ein Milliardstel der von der Sonne ausgestrahlten Gesamtenergie! Ja, die Natur gibt aus dem Überfluß – aber tun wir es auch? Thomas von Aquin lehrt, daß diejenigen, die das Lebensnotwendige haben und mehr als das, verpflichtet seien, den Rest an jene abzugeben, denen das Notwendige fehlt. Und täten sie es nicht, so hätten die Notleidenden das Recht, sich das zu ihrem Überleben Notwendige zu nehmen – eine Tat, »die, strenggenommen, kein Diebstahl sei«.

Diese verschwenderische Haltung läßt sich in Ethik übersetzen, indem sie die Menschen auffordert, offene Hände zu haben, weite Herzen und eine große Seele.[2] Als Seelen sind wir so weit wie das Universum; aber geben wir auch alles so vollständig, wie das Universum es tut? Oder horten wir unsere Seelen und sterben, ohne ausgegeben zu sein, unberührt und gleichgültig?

Wechselseitige Verbundenheit

Inzwischen versteht man die wechselseitige Verbundenheit als das Grundgesetz (oder »Grundgewohnheit«, wie der Biologe Rupert Sheldrake sagt) unseres Universums. Alle Elemente unseres Körpers sind in einer einzigen Supernova-Explosion geboren worden. Die Hämoglobinmoleküle unseres Blutes stimmen bis auf den Ersatz eines Magnesiumatoms durch ein Eisenatom mit den Chlorophyllmolekülen der Pflanzen überein. Die Schwerkraft, die dafür sorgt, daß ich auf diesem Stuhl sitzenbleibe, bewegt auch die entferntesten Planeten und Galaxien. Verbringen Sie zehn Minuten zusammen mit anderen in einem Raum, so atmen Sie alle gegenseitig Ihren Wasserdampf. Atmen Sie einmal tief ein, so atmen Sie mindestens eines der Luftmoleküle, das auch Jesus einatmete, oder Maria oder Mohammed oder Abigail Adams, oder ...

Die heutige Wissenschaft weiß viele Geschichten zu erzählen, und alle haben sie mit gegenseitiger Verbundenheit zu tun. Aber wie läßt sich das in moralische Gesetze für Menschen übersetzen? Thomas Merton gab die Antwort, als er schrieb, daß die ganze Idee des Mitgefühls auf dem klaren Bewußtsein beruhe, daß alle lebenden Wesen voneinander abhängen, daß sie Teil voneinander sind und miteinander zu tun haben. Mitgefühl ist das moralische Gesetz der wechselseitigen Verbundenheit, das kosmische Gesetz der Antwort auf das Leid der anderen wie auch auf ihre Freude und ihre Feste.

Expansion

Ernesto Cardenal schreibt, die größte Entdeckung des zwanzigsten Jahrhunderts sei die Ausdehnung des Universums. Aber dehnen auch wir uns mit dem Universum aus? Tun wir es nicht, so schrumpfen wir. Wo Angst ist, greift die Zusammenziehung um sich, schreibt Thomas von Aquin. Angst bedeutet »allgemeine Meidung«, so lehrt er. Lassen wir unsere Lebensweise, unser Herz oder unsere Institutionen von Angst bestimmen, so verstoßen wir gegen ein kosmisches Gesetz: die Notwendigkeit, durch Liebe und Mut zu expandieren. Der Fundamentalismus, der einen großen Teil des religiösen Bewußtseins beherrscht, stellt ein Versagen der Liebe dar, ein Versagen darin, unser Herz zu weiten. Gleiches gilt für jede Form des Rassismus, des Sexismus, der Klassengesellschaft, des Adultismus, des Sektierertums. All dies sind Beispiele dafür, wie die Menschheit sich mit der Kontraktion abfindet, während das Universum uns zur Expansion drängt. Wenn Menschen und Institutionen versuchen, tiefere Gräben zu schaufeln und dickere Wände zu bauen, um sich zu verteidigen oder bessere Lackmus-Tests für Orthodoxie zu schaffen, dann stecken sie in Ängsten fest. Es bedarf einer Menge Energie, sich gegen das Universum zu stellen – Energie, die für produktivere Aufgaben verwendet werden könnte.

Unser Expansionsvermögen zu feiern und einzusetzen bedeutet nicht, zu leugnen, daß es im Universum auch Kontraktion gibt. Grenzen sind wichtig. Eine Malerin zum Beispiel begrenzt ihr Bild durch eine bewußte Entscheidung über seine Form; und dann ergießt sie sich so expansiv wie möglich in diese Form hinein. Oder denken wir an unsere Lungen; würden sie sich nur ausdehnen und nie zusammenziehen, explodierten wir.

Doch grundsätzlich ist die Botschaft des Universums: »Im Zweifelsfalle dehne dich aus.« So haben Jesus und andere Lehrer der Ethik uns gesagt: »Liebe ist grenzenlos.« Liebe dehnt sich bis zum Zerreißen aus und darüber hinaus – mit anderen Worten: bis zu unserer Kreuzigung und dann weiter bis zur Auferstehung. Der Punkt des Zerreißens, der Endpunkt, den Jesus in seiner Kreuzigung erlebte, war nicht das Ende der Geschichte. Der Glaube an die Auferstehung trägt uns über alle Drohungen, die in den Lehren der Angst und der Kontraktion stecken, hinaus in die Welt der göttlichen Überraschungen, die – wie das Universum selbst – unsere wildesten Vorstellungen überschreiten.

Vielfalt

Das Universum feiert Vielfalt und Verschiedenheit. Ich schnorchelte einmal vor einer Pazifikinsel, wo ich mehr Farben und unterschiedliche Formen von Fischen fand, als ich mir je hätte vorstellen können. Wie viele andere Offenbarungen der Hingabe an die Vielfalt kann die Menschheit noch in der Welt entdecken!

Die Erfindung der Sexualität vor 1,2 Milliarden Jahren leitete ein Fest der Vielfalt ohnegleichen ein. Denn weil wir unsere DNS in einer sexuellen Fortpflanzung erben, werden alle Eigenschaften unserer Vorfahren noch einmal durchgeschüttelt wie die Farben in einem Kaleidoskop und in unendliche neue Variationen und Möglichkeiten ausgeschüttet. Wie der Kosmologe Erich Jantsch verdeutlicht, kam es dank der Sexualität zu einer außerordentlichen genetischen Vielfalt und zu einer einzigartigen Beschleunigung der Evolution, die eine Explosion an Lebensformen mit sich brachte. Die Fülle an Neuem ist ein Ergebnis der sexuellen Verschmelzung. Die Individuation vertieft und entwickelt sich. Vielfalt und Verschiedenheit anzunehmen und zu feiern ist ein Schlüssel dafür, in diese Welt zu passen.

Kreativität

Am meisten aber zeichnet sich das Universum durch seine Kreativität aus. Darin liegt eine grundsätzlich andere Vorstellung vom Universum als die Newtonsche von der Welt als Maschine. Nach Newtonscher Vorstellung gab es, wie Rupert Sheldrake sagt, »in der Natur keine Freiheit oder Spontaneität. Alles war bereits fertig entworfen«. Wir wissen jetzt, daß das Universum seit der ersten Millisekunde des Feuerballs vor neunzehn Milliarden Jahren von Kreativität geladen war. Gebären, zeugen, sterben und geboren werden – so geht es den Sternen und Planeten, den Galaxien und Mikroben, den Pflanzen, Tieren und Menschen. Offenbar hat der Mensch einzigartige schöpferische Kräfte geerbt, einzigartig in ihrer Fähigkeit zum Dämonischen und Zerstörerischen. (Welche andere Spezies hätte es für nötig gehalten, Atom-U-Boote zu erfinden oder die Regenwälder absichtlich zu zerstören?) Im Menschen liegt die Kreativität da, wo sich Dämonisches und Göttliches treffen.

Wir müssen unsere Kreativität im kosmischen Zusammenhang verstehen, um sie ausstrahlen zu können und sie zu mitfühlenden, harmonischen und gerechten Zielen disziplinieren zu können. Kreativität besteht darin, daß der Mensch gebiert, wie es das Universum und Gott tun. Sie ist unsere göttliche Kraft in Aktion. »Was tut Gott den ganzen Tag lang?« fragt Eckhart. »Er/sie gebiert.« Das Gleiche tut auch das Universum, und das tun auch seine gesunden Bewohner, zu denen wir Menschen zählen könnten und sollten.

Leere

Überall im Universum finden wir Leere, Nichts, Weite: in schwarzen Löchern, der Leere des Leibes und leeren Räumen. Ein Atom ist ein leerer Raum, in welchem Energiefelder tanzen können. Und das Universum ist makrokosmisch ebenso ein Tanzraum. Die Dinge sind darin vereinzelt, und auch wir Menschen bedürfen unserer Einsamkeit. Unser Körper ist zu mehr als 99 Prozent leerer Raum, wie es für alle Atome gilt. Wie steht es mit unserem Geist? Gesunde Mystik tritt für ein Loslassen ein, für ein Leerwerden, um mit dem inneren Raum in Verbindung zu kommen und ihn auszudehnen, bis er mit dem äußeren Raum verschmilzt. Raum trifft auf Raum, Leere ergießt sich in Leere. Geburten geschehen aus der Begegnung mit der Leere, mit dem Nichts. Einsamkeit ist der Natur selbst eingebaut. Wir brauchen unseren Raum, um unseren Tanz zu tanzen. Kämpfen wir nicht gegen die Leere und das Nichts an, sondern lassen uns davon durchdringen, wie wir sie durchdringen.

Gerechtigkeit

Auch die Gerechtigkeit, die Suche nach Gleichgewicht und Symmetrie, nach Dialektik und Homöostase, ist wesentlicher Bestandteil des Universums. Kein Wunder, daß Thomas von Aquin die Gerechtigkeit als die wichtigste der Tugenden lehrt. Unrecht ist eine kosmische Störung, ein Affront gegen die Ganzheit des Universums, eine Einladung an das Chaos, ein Lockern der Bande, die die ganze Welt zusammenhalten. Durch Gerechtigkeit führen wir die gebrochenen, vernachlässigten, abgeschnittenen und verarmten Teile des Universums zusammen und lassen sie wieder ganz, wieder heil werden.

Schönheit

Ernesto Cardenal sagt, daß wir zwar über den Sinn oder Zweck des Universums streiten könnten, nicht aber über seine *Schönheit*. Und Annie Dillard bemerkt: »Falls nicht alle Zeitalter und Rassen vom gleichen Massenhypnotiseur (wem?) verwirrt worden sind, dann gibt es so etwas wie Schönheit, eine völlig zweckfreie Gnade.« Wir alle haben an der Schönheit teil; sie berührt uns alle gleichermaßen. Vielleicht als unser Kind geboren wurde, oder durch eine einfache Blume, oder ein Lied, ein Lächeln auf einem Gesicht, oder durch eine sehr mutige Tat, einen gelungenen Tanz, das Lachen eines Kindes, oder einen Laib gebackenes Brot, eine gute neugefundene Arbeit, oder durch gefallenen Schnee, das Lachen unter Freunden, oder durch den Tod eines geliebten Menschen, der zu seiner Quelle zurückkehrt. Für einen wachen Menschen gibt es kein Ende der Schönheit. Selbst die Risse im Gehsteig enthalten Muster von unglaublicher Schönheit. Fotografieren wir sie und vergrößern sie stark, dann erkennen wir, auf was für einer Schönheit wir täglich gehen, selbst wenn die Dinge um uns herum uns häßlich scheinen. Es gibt ein Gebet von den Navaho, das von jedem Menschen täglich gesungen zu werden verdient:

> Ich gehe mit Schönheit vor mir,
> Ich gehe mit Schönheit hinter mir,
> Ich gehe mit Schönheit über mir,
> Ich gehe mit Schönheit unter mir,
> Ich gehe mit Schönheit um mich herum,
> Deine Welt ist so schön, o Gott.

Weil Schönheit zu den Gewohnheiten des Universums zählt, ist es wesentlich, daß auch wir Menschen einander mit Schönheit überschütten und ineinander Schönheit hervorbringen. Tun wir es nicht, so behindern wir die Absichten des Universums. Unrecht scheint mir immer etwas Häßliches zu sein. Gerechtes ist schön und bringt Schönheit in Gebrochenes zurück. Alle heilenden Taten sind Taten, die Schönheit schaffen; und alle Schönheit heilt. Der Komponist Gustav Mahler hat gesagt, daß unsere einzige Verpflichtung im Leben darin bestehe, »so schön zu sein, wie wir irgend können. Denn Häßlichkeit ist eine Beleidigung des schönen Gottes«.

Gemeinschaft

Wesen leben und blühen in Gemeinschaften. Ökosysteme sind solche Gemeinschaften. Die Beziehung von Chloroplasten und Mitochondrien, die den Sauerstoff für alles Leben herstellen, ist eine kooperative Beziehung. Der Biologe Lewis Thomas meint dazu: »Alle symbiotischen Beziehungen haben notwendigerweise etwas Gutwilliges an sich. Diese eine aber, wahrscheinlich die älteste und am besten etablierte, scheint besonders ausgewogen. Es gibt darin nichts, was einer Beutebeziehung ähnelt, und keinerlei feindselige Anzeichen von einer der Seiten.« Das Gesetz des Universums ist weniger der Wettbewerb als vielmehr die Kooperation in Gemeinschaften. So schreibt Thomas: »Lebende Wesen neigen dazu, sich einander anzuschließen, Verknüpfungen aufzubauen, ineinander zu leben, auf frühere Verbindungen zurückzukommen und wo immer möglich weiterzukommen. Das ist der Weg der Welt.«

Wir Menschen sind aufgefordert, uns diesem »Weg der Welt« anzuschließen und ebenfalls Gemeinschaft aufzubauen. Obwohl wir es in unserer westlichen Gesellschaft auf das Gegenteil anlegen, können wir ohne Gemeinschaft weder leben noch wachsen. Jede Gemeinschaft ist zunächst *Basis*gemeinschaft, das heißt lokal und klein, wo sich alle Mitglieder ausdrücken und Intimität erleben können. In einer Welt der wechselseitigen Abhängigkeit erfahren wir auch, wie Gemeinschaft sich bis zu den äußersten Grenzen unseres Vorstellungsvermögens hin ausdehnt. Selbst wenn wir hier auf diesem Planeten damit beschäftigt sind, einander Essen zu servieren, sind wir dabei doch mit den Sternen und Supernovas verbunden. In der Gemeinschaft treffen Kosmisches und Lokales zusammen, und dort lernen wir unsere Lektion des Sowohl-Als-auch. In der Gemeinschaft lernen wir, daß nicht »der Härteste« überlebt. Überleben hängt damit zusammen, daß wir lernen, wie wir in unsere Gemeinschaft passen und wie diese zu uns paßt.

Opfer

Ein Gesetz des Universums scheint festzulegen, daß Wesen essen und gegessen werden, daß sie für weitere Generationen evolutionärer Überraschungen geboren werden und sterben. Nachdem sie beobachtet hat, wie ein Riesenwasserkäfer einen ganzen Frosch verschlang, schreibt Anni Dillard: »Daß es da draußen hart und riskant zugeht, ist kein Wunder. Jedes Lebewesen ist ein Überlebendes einer Art ausgedehnten Not-Biwaks.« Zu dem gleichen Phänomen meint Erich Jantsch: »Mit der möglichen Ausnahme der photosynthetisierenden Pflanzen lebt alles Leben von anderem Leben. Und auch wir tun das, auch wenn wir unsere Beute nicht mehr draußen auf dem Feld verschlingen, sondern Schlachthäuser und Fachleute für die Zubereitung unserer Nahrung einsetzen.« Selbst wer die Gewohnheit des Fleischessens abgelegt hat, tötet noch Pflanzen zum Essen. Das Universum ist damit beschäftigt, zu essen und gegessen zu werden. Jantsch bringt das Beispiel riesiger Mangrovenpopulationen, die die Lebensgrundlage anderer Pflanzen schaffen, dabei selbst aber zugrunde gehen. Die Lebensweise dieser Bäume bezeichnet er als »uneigennützig« und schließt aus diesem und anderen Beispielen aus der Natur, daß das »letzte Prinzip der Evolution nicht die Anpassung ist, sondern die Wandlung und die schöpferische Verschiedenheit der Evolution. Wie der Tod eines Individuums, kann auch der Tod einer ganzen Art in einem Ökosystem die Evolution fördern.«

Ist dieses »Gesetz des Opferns« nicht der Beitrag der Religion zum menschlichen Bewußtsein? In christlichen Worten können wir dieses Gesetz als das »eucharistische Gesetz des Universums« bezeichnen – denn ein Gesetz, das Wandel und Opfer lehrt, Essen und Gegessenwerden, bezieht sich auch auf die Gottheit. Jedesmal, wenn wir Brot oder etwas anderes essen, essen wir Göttliches, und wir trinken jedesmal Göttliches, wenn wir Wein oder etwas anderes trinken. Jedes Essen und Gegessenwerden ist eine achtung- und ehrfurchtgebietende Handlung, denn wir nehmen dabei neunzehn Milliarden Jahre Geschichte in uns auf, nehmen Göttliches in uns auf. Eines Tages werden wir selbst anderen Lebewesen zur Nahrung, so daß wir ebenso heute schon damit anfangen können, das Horten zu unterlassen und als Nahrung für andere in die Kette des Daseins einzutreten.

Opfer erfordert als Reaktion Dankbarkeit. Und »Eucharistie« heißt tatsächlich »Dank«. Ich sage »danke« für die Orange, die sterben mußte, damit ich ein Glas Orangensaft trinken kann, indem ich verspreche, an diesem Tag ebenso saftig und rund und strahlend zu sein wie eine Apfelsine.

Leiden und Auferstehen

Jedes Leiden kann ein opferndes Leiden sein, eine Gabe unseres Wesens für andere. Jesus lehrte, daß »niemand größere Liebe hat als der, der sein Leben hingibt für seine Freunde«. Ganze Spezies sind aufgefordert worden, ihr Leben für andere zu geben, und haben es auch getan. Supernovas sterben in einem gewaltigen Akt des Gebärens neuen Lebens. Blätter sterben direkt nach ihrem glanzvollsten und farbigsten Augenblick und werden als Nahrung für den Baum wiederverwendet. Sterben und Wiedergeburt, Kreuzigung und Auferstehung sind keineswegs die anthropozentrischen Ereignisse, für die wir sie gehalten haben. Anders ausgedrückt: Im Passah-Geheimnis, das die Christen im Leben, im Tod und in der Auferstehung Jesu feiern, liegt ein kosmisches Gesetz: Alle Dinge leben, sterben und werden verwandelt. In diesem Gesetz liegen Hoffnung und Mysterium. Wir, die wir leben und darüber nachdenken können, wissen nicht, was uns der Vorgang des Sterbens verspricht. Und so »treten wir in die Mysterien ein«, in die rituellen Ereignisse, die den großen kosmischen Kreislauf aller Dinge feiern. Vielleicht hätte das Osterereignis die Menschen gar nicht so sehr zu erstaunen brauchen. Vielleicht entspricht die Auferstehung Jesu von den Toten dem, was die Gottheit mit all ihrer Schöpfung tut. Vielleicht geht letztlich keine Schönheit im Universum verloren.

Paradoxie und Humor

Ich glaube, daß die Welt nicht nur voller Überraschungen, sondern auch voller Witze ist. Spielen alle Geschöpfe, unbewußt natürlich, die Rolle kosmischer Komiker? Sind wir hier, um einander ebenso zu amüsieren wie die Göttinnen und Götter, die Sichtbaren und die Unsichtbaren? Lachen die Engel über uns genauso wie wir über sie? Wenn das Leben zum Tode wird und der Tod zum Leben und wenn die Dunkelheit zu Licht wird und das Licht zu unglaublicher Dunkelheit, gibt es dann Grenzen für den Ulk, der im Universum geschieht, oder für die Anzahl der Überraschungen, die uns erwarten?

Es hieße, dem Universum selbst zu widersprechen, wenn wir versuchten, ohne Humor zu leben, ohne uns des Paradoxen überall um uns bewußt zu werden, ohne die Fähigkeit, sogar und besonders über uns selbst zu lachen. Zu viel Ernst bricht die Naturgesetze. Was Eckhart als »Ich-Losigkeit« bezeichnet, drückt sich oft in der Fähigkeit aus, mittels kosmischen Lachens loszulassen. Das Lachen ist ein notwendiger Aspekt unseres Überlebens und deshalb unserer Ethik. Erich Jantsch schreibt, daß zu einem evolvierenden Bewußtsein die »Offenheit für Neues« gehört.

Ken Feit, der sich als »spiritueller Narr« bezeichnete, widmete sein Leben der Benennung der Paradoxien des Daseins. Er forderte die Leute auf, darauf zu hören, »wenn Wolken aneinanderstoßen oder wenn ein Auto sich räuspert, wenn Gras wächst oder wenn ein Blatt die Farbe ändert«. Eine seiner Lieblingsaufführungen war, Eiswürfel zu befreien:

> Hast du je einen Eiswürfel befreit?
> Schließlich ist ein Eiswürfel eingesperrtes Wasser,
> das menschlichen Bedürfnissen dient,
> indem es Getränke kühlt
> und Kopfschmerzen mildert.
> Manchmal löse ich Packungen voller Eiswürfel
> bei einer Tankstelle aus,
> bringe sie zu einem nahegelegenen Teich

und lasse sie heraus,
so daß sie zu ihren Wasserbrüdern
und -schwestern
zurückkehren können.

Ist Ken Feit närrisch? Oder weise? Und was lockt er durch seine Weisheit oder Torheit, oder beides, in uns hervor? Das Universum enthält wohl die Antwort auf diese Frage.

Arbeit

Schaue ich mir das Universum an, so sind alle Geschöpfe bis auf eines damit beschäftigt, zu arbeiten. Die Planeten tun ihre Arbeit, die Sonne tut ihre Arbeit, die Galaxien scheinen ihre Arbeit zu tun, die Bäume, die Würmer und der Boden tun ihre Arbeit, und die Felsen und Wälder die ihre. Die Delphine und die Wale, die Haie und Elefanten, die Ameisen und Spinnen, alle scheinen ihrer Arbeit nachzugehen. Nur Menschen scheinen manchmal arbeitslos zu sein. Ich frage mich, warum wir Menschen die Arbeitslosigkeit erfunden haben und zusammen mit ihr das Verbrechen, die Verzweiflung, den Selbsthaß und die geistige Leere, die oft damit einhergehen. Arbeitslosigkeit ist ein Affront gegen das Universum, eine untragbare Sünde unserer Spezies. Warum haben wir sie erfunden, wenn es doch so viel gute Arbeit gibt, die getan werden muß: anderen Arbeit zu verschaffen, anderen von unserem Platz in der Welt zu erzählen und von unserer Fähigkeit, zu spielen, schöpferisch zu sein und zu heilen? Wir existieren, um zu arbeiten und zu genießen und um andere zu Arbeit und Genuß zu bringen, wie Goethe schrieb. Und Hildegard sagte: »Wenn wir gute Werke tun, drehen wir das kosmische Rad weiter.«

Wir können zu dem Schluß kommen, daß die hier besprochenen »Regeln für das Leben im Universum« mehr als Regeln sind: Es sind Tugenden, Quellen der Kraft und der Ermächtigung. Wir sollten diese Macht nicht fürchten. Richtig eingesetzt, brauchen wir sie. Mechthild von Magdeburg preist echte Stärke, wenn sie sagt, daß Macht für das Dienen geschaffen sei. »Ich bin dein Diener, nicht dein Herr. Sei du ein Diener, nicht ein Herr.« In diesen dreizehn Wegen der Weisheit liegt eine echte Ermächtigung. Es sind Wege, dem Universum zu dienen.

4. Kosmologie, Befreiung und Weisheit – eine heilige Trinität

Bei einem Vortrag in Australien fragte mich kürzlich ein Mann: »Ich habe Sie über den Kosmischen Christus, über Kosmologie und Mystik sprechen hören; aber sind Sie eigentlich Christ? Glauben Sie daran, daß Jesus der Herr und Erlöser ist oder nicht?« Ich antwortete ihm: »Ich bin ein trinitarischer Christ. Wer glaubt, daß sich das Christentum ausschließlich um Jesus drehe, ist sogar ein Häretiker, weil er die dreifaltige Gottheit leugnet.«

Weil die Dreifaltigkeit der Gottheit in unserer Phantasie große Kraft freisetzt, kann sie uns in dieser kritischen Zeit des planetaren Lebens heilen. »Jesulatrie« ist nicht nur eine Häresie, sondern auch eine Ablenkung von anstehenden Problemen. Sie trägt zu den Unterlassungssünden der Kirchen bei, die sich zu sehen weigern, welch radikale Forderungen an uns alle gestellt sind. Wie Martin Luther ausführte, beruht die klassische Theologie auf drei Glaubensartikeln: Schöpfung, Erlösung und Heiligung. Diese drei Artikel entsprechen in vieler Hinsicht den drei Personen der Trinität: dem Schöpfer/der Schöpferin, Jesus als dem Erlöser und dem Heiligen Geist, der heiligt. Wenn wir uns allein auf die Erlösung von Sünden einengen, werden wir anthropozentrisch und verpassen die mystische Erfahrung Gottes in der Schöpfung und des Geistes in unserer Welt. Eine solche Verengung läßt den Kosmischen Christus aus, die Kosmische Weisheit, die schon vor Anbeginn der Schöpfung da ist (Spr. 8,30), die in Jesus Fleisch wurde (Joh. 1,14) und die Jesus als Geist zu senden versprach (Joh. 14,26; 16,13). Von der Kosmischen Weisheit haben wir gehört, daß sie »das All erneuert« (Weish. 7,27 und Offb. 21,5). Sie »schafft Freunde Gottes und Propheten«, sie »entfaltet ihre Kraft von einem Ende der Erde zum anderen und durchwaltet voll Güte das All«, sie »wirkt in allem« und ist »eingeweiht in das Wissen Gottes und bestimmt seine Werke« (Weish. 7,27; 8, 1.5.4). Wird die alleinige Betonung der

»Erlösung« zum religiösen Lackmustest gemacht, so werden dabei die Schöpfung und der Schöpfer/die Schöpferin sowie die Heiligung und der Geist ignoriert. Durch eine solche Abtreibung der Kosmologie wird die Mystik abgetötet.

Nicht nur Jesus liebt uns. Auch Schöpfer/in und Geist lieben die Schöpfung. Eckhart lehrt, daß unsere Fruchtbarkeit darauf beruht, daß wir auf panentheistische Weise in der Trinität wohnen – wenn wir etwas erschaffen, erschafft die ganze Trinität mit uns. Wir dürfen heute nicht nur den Jesus der Geschichte, sondern sollten den Schöpfer der ganzen Welt ehren. Der Pfingstgeist, der alle Völker lehrt, ihren Streit um den Turm von Babel zu beenden, muß willkommen geheißen und erlebt werden. Es ist derselbe Geist, der im mystischen Erwachen durchbricht, das alle Religionen, alle Künstler und Künstlerinnen, alle Liebenden und alle anderen in der Gemeinschaft der Heiligen kennen. Wo das Mystische befreit wird, bekommt auch die Dreifaltigkeit ihren Raum. Die göttliche Phantasie tritt wieder hervor, und der Mystiker wird zum Mittler der Befreiung, zum Propheten.

Die heilige Zahl Drei steht für viele Dinge, unter anderem für die Vorstellung von einer geistigen Synthese, für die Lösung dualistischer Konflikte und der Ja-Nein-Dialektik des Lebens, die sich auch in der mystisch-prophetischen Spannung des Lebens in dieser Welt ausdrückt. Die trinitarische Sicht der Welt ist reich und vibriert vor Kraft, sie intendiert die Geburt von Neuem. Ich möchte hier gern ein dreifaltiges Symbol vorstellen, das mir für unsere Zeit passend scheint: die heilige Dreifaltigkeit von Kosmologie, Befreiung und Weisheit.

Die erste Person: Schöpfer/in des Kosmos

Warum bezeichne ich Kosmologie, Befreiung und Weisheit als eine »heilige Dreifaltigkeit«? Denken wir daran, daß das Universum Gott als Schöpfer/in offenbart. Schöpfer ist der eine, der das Universum überall in einem fortwährenden

Schöpfungsakt mit Schönheit und Kraft, mit Licht und Dunkelheit erfüllt. Und Kosmologie ist der menschliche Versuch, den Kosmos zu verstehen und sich ihm mit Hilfe von Wissenschaft, Mystik und Kunst zu nähern. Durch Wissenschaft, weil sie uns die Geschichte des sich entfaltenden Kosmos bis hin zu unserer eigenen Spezies erzählt; durch Mystik, weil Mystik aus der Ehrfurcht kommt, die wir empfinden, wenn wir uns als Bürgerinnen und Bürger des Kosmos begreifen, den wir nicht selbst geschaffen haben und in dem wir mit unbedingter Liebe empfangen wurden; und durch Kunst, weil wir in der Kunst voller Dankbarkeit auf die Ehrfurcht antworten und unsere Verantwortung als kosmische Bewohner übernehmen.

Denken wir außerdem daran, daß der Schöpfergott »das Gesicht hinter allen Gesichtern« (Nikolaus von Kues) im Kosmos ist, der oder die Eine, die alle Wesen gemacht hat und in allen Wesen gegenwärtig ist. Und jedes Wesen ist »wie ein funkelnder glitzernder Spiegel« des göttlichen Gesichtes (Hildegard von Bingen). Gott ist das Subjekt hinter den Gegenständen, die die Wissenschaft studiert. Und Gott ist der Geist hinter dem menschlichen Geist, der die Wahrheit des Universums erforscht – ja der Geist des Universums selbst. Der Schöpfergott ist auch der oder die Geliebte, dem oder der die Mystikerinnen und Mystiker antworten – die *Ehrfurcht* hinter aller Ehrfurcht. Gott ist der Schöpfer des menschlichen Herzens mit seinem Potential zu kosmischer Freude und zu kosmischem Leid. Gott ist das *Herz* hinter dem Herzen, das sich in Ehrfurcht und in Leid zu unendlichem Mitgefühl öffnet. Gottes ist auch das Herz, das bricht, um kosmischer zu werden, weiter, großmütiger, wo immer ein menschliches Herz geweitet wird.

Gott, der Schöpfer, ist auch der *Künstler* aller Künstler, der »höchste Handwerker, der das Universum wie eine große Zither schuf, auf der er Saiten anbrachte, die eine Vielfalt von Klängen hervorbringen«, wie Honorius von Autun im zwölften Jahrhundert schrieb. Gott, die Schöpferin, ist die höchste Künstlerin, die *Kunst* hinter allen Künsten, die *Phantasie* hinter allen Phantasien. Der Mensch aber ist das

Bild Gottes und darum auf radikale Weise schöpferisch, indem er von dem einen Schöpfer allen Seins Bild auf *Bild*, Schönheit auf *Schönheit* und Wahrheit auf *Wahrheit* bezieht. Dies alles bezieht sich auf den Schöpfer des Kosmos, die erste Person der Dreifaltigkeit.

Die zweite Person: der Logos der Befreiung

Denken wir nun daran, auf wie vielfältige Weise die Befreiungsbewegung sich auf Gott als göttliches Kind, auf die zweite Person der Trinität, beruft. Gott ist der Befreier. Solch ein Gott in menschlicher Gestalt ist ein Prophet, wie Jesus sich im Lukasevangelium nennt:

> »Der Geist des Herrn ruht auf mir,
> denn Gott hat mich gesalbt,
> er hat mich gesandt,
> den Armen gute Nachricht zu bringen,
> den Gefangenen die Befreiung zu verkünden
> und den Blinden das Augenlicht,
> die Zerschlagenen frei zu machen
> und ein Gnadenjahr des Herrn auszurufen.«
> (Lukas 4,18 f.)

Als ein göttlicher Prophet, als befreiender Gott inspiriert Jesus, er bewegt, belehrt und segnet alle Menschen als Propheten. Die Gottheit in uns bricht nicht nur als Schöpferin oder im Mitschaffen durch, sondern vor allem auch als Prophetin, die sich in das Unrecht einmischt und den Niedergetretenen Freiheit verkündet. Es ist bemerkenswert, daß die Stelle aus Jesaja, die von Jesus in der Synagoge zitiert wird, von der Salbung durch den Geist des Herrn spricht, denn das Wort »Christus« bedeutet: der Gesalbte. Der Befreier Jesus ist zum Kosmischen Christus geworden und lebt in jeder, jedem von uns, die wir nach seinem Tode und seiner Auferstehung zu Prophetinnen und Propheten gesalbt worden sind, um »den Armen frohe Botschaft zu bringen«.[1]

Die Armen, zu denen wir heute gesandt sind, sind unsere Kinder und Enkelkinder, denn sie werden eine der Schönheit und Gesundheit beraubte Erde erben. Zu den Armen gehören auch die Regenwälder und die Meere, der Boden und die Luft, die Vögel und Fische, die Vier- und die Zweibeiner. Denn wir alle sterben unter den Händen unserer Rasse. Gemeinsam werden wir sehr, sehr arm. Gott als Kind, als »fleischgewordenes Wort«, als »vollkommenes Ebenbild Gottes« hat uns als »Söhne und Töchter« gerufen, und in diesem Einen sind wir die »Neue Schöpfung«. So salbt die zweite Person der Dreifaltigkeit uns zu Befreierinnen und Befreiern; und wie der leidende Gottesknecht bei Jesaja werden wir für unseren Einsatz für die Gerechtigkeit einen Preis zu zahlen haben.

Jesus ist auch ein Rabbi, der durch seine Lehre befreit. Dazu zählen etwa die Seligpreisungen, die im Lichte der vier Pfade der Schöpfungsspiritualität neu verstanden werden können. Die Seligpreisungen stellen eine Wiederherstellung des Ursegens dar. »Selig seid ihr«, verspricht Jesus mit jeder seiner Preisungen. Hier finden wir eine »Definition« der Erlösung als einer Wiederherstellung eines jeden von uns zu unserem ursprünglichen gesegneten Sein.

Jesus hat hauptsächlich Segen im Sinn: wie er entdeckt, erfahren und an andere weitergegeben werden kann. Der zweite Teil der Seligpreisungen ist immer ein Versprechen. Darin zeigt Jesus ein tiefes psychologisches Verständnis davon, wie Menschen geändert werden können: Menschen ändern sich durch Hoffnung, durch die Verheißung von Segen – auf der Via Positiva. Zählen wir alle Versprechen in den Seligpreisungen auf: Da wird uns verheißen, daß wir

– das Reich der Himmel haben werden,
– die Erde erben werden,
– getröstet werden,
– unser Durst nach Gerechtigkeit gestillt wird,
– Mitgefühl finden werden,
– Gott schauen werden,

– Söhne und Töchter Gottes genannt werden,
– das Himmelreich besitzen werden,
– uns freuen und jubeln können.

Wer könnte solchen Segnungen widerstehen? Achten wir darauf, wie mütterlich und fürsorglich die Versprechungen sind. Sie sprechen uns deshalb so stark an, weil wir daran großen Mangel haben.

Kehren wir zu den einzelnen Preisungen zurück, so erfahren wir, wie die versprochenen Segnungen erlebt werden können.

1. »Selig die Armen im Geiste, denn ihrer ist das Himmelreich.« Das Reich Gottes gehört uns *jetzt* – aber nur in dem Maße, wie wir »arm im Geiste« sind: einfach, offen, bereit zu staunen, zu tanzen, zu spielen, loszulassen. Das heißt in dem Maße, in dem wir nicht nur auf uns selbst bezogen, sondern in Berührung mit unserer eigenen Mystik sind. Das Himmelreich liegt im Jetzt: Unser sind wahre Ehrfurcht und Freude. Jesus beginnt mit der Via Positiva.

2. »Selig die Sanftmütigen, denn sie werden die Erde erben.« Wir *bekommen* die Erde, wenn wir mit ihr in Berührung sind, wenn wir ihr nahe sind – erdbezogen, und damit auch bescheiden und sanft. Wie das Reich Gottes in der ersten Seligpreisung ist die Erde jetzt heilig und gegenwärtig. Für diejenigen, die Augen und Herzen haben zu sehen, ist die Erde der Ort des Gottesreiches. Unsere Erfahrung der Erde ist jedoch durch unsere unterentwickelte *Empfänglichkeit* eingeschränkt. Insofern führt die zweite Seligpreisung die Via Negativa als eine Wachstumsquelle für die Via Positiva ein. »Sanft« zu sein heißt loszulassen.

3. »Selig die Trauernden, denn sie werden getröstet werden.« Auch hiermit benennt Jesus die Via Negativa, die Notwendigkeit, ins Dunkel einzutreten, das Leid zu schmecken, Trauer zu erleben. Hier weist er auch auf die Via Creativa hin, denn alles Trauern kommt von innen heraus und wirkt wie eine Art Meditation: Wir gebären unsere Trauer.

Doch besteht das Leben nicht allein aus Leid: Es wird auch Trost geben, eine Grenze für das Klagen.

4. »Selig, die hungern und dürsten nach Gerechtigkeit, denn sie werden gesättigt werden.« Ähnlich der vorigen Seligpreisung wird hier die Sättigung versprochen, wenn Hunger und Durst wirklich empfunden werden. In den Ausdrücken »Hunger und Durst« steckt der Kampf darum. Man ist dann in der Via Negativa, entleert und verloren – Eckhart beschreibt es als »sinken«. Aber der Hunger und Durst der Via Negativa drängen uns zur Via Creativa und Via Transformativa. Leidenschaft führt zu Mitgefühl (*passion* zu *compassion*).

5. »Selig die Mitfühlenden, denn sie werden Mitgefühl finden.« Mitgefühl ist gegenseitig, es steckt an – andere erfahren es von dir, und du erfährst es von anderen. Mitgefühl ist der Gipfel des neuen Gesetzes. Wie erlangen wir am besten das Mitgefühl anderer? Indem wir es selbst praktizieren! Die Via Transformativa hängt von der Via Creativa ab. Geben wir dem Mitgefühl in unserer Kreativität, unserer Ethik und unseren Entscheidungen Ausdruck (Via Creativa), werden wir auf der Via Transformativa Anteil daran haben.

6. »Selig, die reinen Herzens sind, denn sie werden Gott schauen.« Diese Seligpreisung bildet eine Parallele zur vorigen. Mitgefühl führt zu einem reinen Herzen. Gott zu schauen heißt Mitgefühl gezeigt zu bekommen, denn Gott ist die Barmherzige, die Mitfühlende. Das Schauen Gottes ist der Gipfel der geistigen Reise, das Beste der Via Transformativa. Wie schauen wir Gott? Indem wir einfach sind, unmittelbar, direkt, kindlich und erfüllt von Staunen. »Durch unsere gerechten Werke lassen wir Gott vor Freude tanzen«, sagt Eckhart.

7. »Selig, die Frieden stiften, denn sie werden Töchter und Söhne Gottes genannt werden.« Indem wir Frieden schaffen, gerecht und prophetisch handeln, werden wir zu Kindern Gottes. Wir *alle* sind dazu berufen, Propheten und Prophetinnen zu sein, denn die Verantwortung für die Wirtschaft, für Gerechtigkeit und gute Arbeit liegt in unserer

Hand. Frieden braucht Gerechtigkeit; deshalb sind es die friedenstiftenden Menschen, die jene Herzen und sozialen Strukturen wandeln, die für das Unrecht stehen.

8. »Selig sind die um der Gerechtigkeit willen Verfolgten, denn ihrer ist das Himmelreich.« Die prophetische Aufgabe ist nicht angenehm, denn sie beschwört die Schattenseite von einzelnen und Institutionen herauf, die sich vor ihrer eigenen Befreiung fürchten. Auf der Via Transformativa geht es nicht ohne Kämpfe weiter.

9. »Selig seid ihr, wenn sie euch um meinetwillen beschimpfen und verfolgen und euch auf alle mögliche Weise verleumden. Freut euch und jubelt, denn euer Lohn im Himmel ist groß. So haben sie auch die Propheten vor euch verfolgt.« Die Via Transformativa besteht unter anderem darin zu erkennen, daß wir an einer Gemeinschaft von Heiligen teilhaben. Alle Heiligen haben um den Wandel gerungen.

Jesus preist die Via Creativa und ihre Verbindung zur Via Positiva, wenn er erklärt: »Ihr seid das Salz der Erde. Wenn aber das Salz fade geworden ist, womit soll man es salzen? Es taugt zu nichts mehr, als daß es hinausgeworfen und zertreten wird. Ihr seid das Licht der Welt. Eine Stadt, die auf dem Berge liegt, kann nicht verborgen bleiben. Auch zündet man nicht ein Licht an und stellt es unter den Scheffel, sondern auf einen Leuchter, dann leuchtet es allen im Haus. So soll euer Licht vor den Menschen leuchten, damit sie eure guten Werke sehen und euren Schöpfer im Himmel preisen« (Mt. 5, 3–16). Licht ist die erste Gabe der Schöpfung, und der Kosmische Christus ist »das Licht der Welt« (Joh. 8,12). So erweckt auch das Licht (Via Positiva), das wir (durch die Via Creativa) anderen scheinen lassen, größeres Lob im Universum. Weigern wir uns zu gebären, so ersticken wir das Licht, das unsere einzigartige Gabe bildet. Das hieße, die Dunkelheit zu wählen und die Schatten herrschen zu lassen.

Die dritte Person: der Geist der Sophia

Wir können die Weisheit als eine Entsprechung zur dritten Person der Trinität verstehen, zum Heiligen Geist, zum Geist der Fruchtbarkeit, der über den Fruchtwassern der Geburt schwebt, dem Geist der Wandlung, dem Pfingstgeist, dem Geist der Elemente des Universums, dem kosmischen Geist aller Völker der Erde.

Der Geist der göttlichen Phantasie, der Geist aller Wahrheit, der uns immer von neuem die bisher noch ungehörte Wahrheit bringt, der Geist, der uns in tiefem Gebet und geistlicher Praxis eint, der Geist, der uns in Verfolgung und Unrecht stützt, der »immer grüne« Geist (Hildegard), der der »Wandler« (Eckhart) ist, ist vom Wesen her ein weiblicher Geist. Die »Geistin«, die unsere Grünkraft erhält, unsere Saftigkeit und Fruchtbarkeit (die in Saras Leib Isaak zeugte, als sie schon zu alt war, Kinder zu empfangen; die ohne männliche Hilfe Jesus in Marias Leib zeugte; die neue Bilder und Formen, neue soziale und seelische Strukturen in uns allen erzeugen kann und wird, die wir Teil einer Zivilisation sind, die allem Anschein nach zu alt zu einem Neubeginn ist); die Geistin der neuen Schöpfung, die offen ist für alle, besonders für die Armen, die ganz unten sind, die bis zu jenem Punkt an den Rand Gedrängten, an dem sich Nichtigkeit und Verzweiflung treffen und wo die Dunkelheit überwältigend ist – diese ist ein feministischer Geist. Die Leidenschaft des Nährens um jeden Preis, des Gebärens gegen alle Hemmnisse, das Umfassen des Ganzen, ohne sich mit den Teilen abzufinden, das Tanzen im Kosmos und nicht nur in menschengemachten Räumen unserer Psyche und unserer Institutionen – das ist das Herz des echten Feminismus.

In diesem Traum sind Mystik und Prophetie gleich wichtig, und »Friede und Gerechtigkeit küssen sich« (Ps. 85,11). Zum Schaffen von Gerechtigkeit gehört der Eros ebenso wie zum Leben überhaupt. Das Leben wird sich erneuern, mit uns oder ohne uns. Erotische Gerechtigkeit fordert, daß wir uns dem Lebensfluß anschließen, der saftigen Bewegung aller Lebewesen, dem fruchtbaren Wachstum unseres Landes und unseres Mondes, den Gezeiten unserer Meere, unserer Städte und Körper – daß wir uns ihnen allen anschließen und in sie eintauchen, denn die Geistin kennt keine Grenzen und läßt sich nicht erdrücken oder ertränken. Denn »stark wie der Tod ist die Liebe, die Leidenschaft wild wie die Unterwelt, ihre Flammen gewaltige Feuergluten. Mächtige Wasser können sie nicht löschen, Ströme können sie nicht fortschwemmen« (Hohelied 8,6–7).

Die Geistin von Eros und Pathos schreit immer noch durch die leidenden Geschöpfe unserer Zeit, durch die leidenden Kinder Gottes nach Weisheit, nach Sophia. Genug der Kenntnisse, der Computer, genug der Informationen und Studien. Gebt uns Weisheit! Mutter Sophia, Mutter Weisheit, komme zu uns! Komme zurück! Brich aus uns hervor, öffne unsere Augen. Schlage dein Zelt unter uns auf.

Eine ungeteilte Einheit: Gott als selbst-organisierender Geist des Universums

Heute wird Sophia durch das neue Denken in der Wissenschaft erweckt. Provokativ schließt der Wissenschaftler Erich Jantsch sein Buch *Die Selbstorganisation des Universums* damit, daß er Gott als den Geist des Universums bestimmt. Jantsch definiert Geist als die selbstorganisierende Dynamik auf allen Ebenen, als eine sich selbst entwickelnde Dynamik. In dieser Hinsicht sei die ganze natürliche Geschichte auch die Geschichte des Geistes. Jantsch vergleicht das neue Paradigma in der Wissenschaft von der Selbstorganisation mit den Erfahrungen der Mystiker aller Zeitalter. Die Verbundenheit unseres eigenen Lebensprozesses mit der Dynamik des allumfassenden Universums, so meint er, sei bisher nur der mystischen Erfahrung zugänglich gewesen. In der Synthese werde sie nun zu einem Teil der Wissenschaft, die damit dem Leben näherkomme.

Höre ich von Gott als dem Geist des Universums und von

der mystischen Erfahrung eines allumfassenden Universums, so muß ich an die kosmologische Überlieferung der Sophia oder Weisheit denken. In der biblischen Literatur wird dieser Geist als eine Frau personifiziert, die alles Sein durchdringt oder allem zugrunde liegt. Sie bringt aus dem Chaos die Ordnung hervor und spielt vor aller Zeit mit Gott. Sie ist das Ziel der intellektuellen Suche, aber auch die Frucht von Staunen und Ehrfurcht. Sie allein sättigt, denn »sie macht die Menschen trunken von ihren Früchten. Ihr ganzes Haus füllt sie mit den Wünschen des Herzens« (Sirach 1,16). In ihr finden sich Ruhe, Freude und die Quelle allen Eros – »Wer mich liebt, liebt das Leben« (Sirach 4,12). Ihr Weg ist der Weg der Gerechtigkeit und des wahren Gesetzes, eines Gesetzes, das die Armen verteidigt, statt die Mächtigen zu unterstützen. Sie ist das Herz jedes schöpferischen Prozesses, Mitschöpferin des Universums. Sophia ist es, die die heilige Lebensweise in der Welt lehrt. Sie ist die Matrix aller drei Personen der Dreifaltigkeit, denn sie ist gegenwärtig als Schöpferin, als Prophetin und als Geistin, die alles neu macht.

Wir sehen, wie die heilige Trinität von Kosmologie, Befreiung und Weisheit miteinander verbunden ist, wie auch das Universum und die Trinität der klassischen Theologie. Obwohl unterschieden, sind die drei Personen doch verbunden: Die dritte Person entsteht durch die Beziehung der ersten und zweiten. Ohne das Zusammenwirken von Kosmologie und Befreiung kann es keine Weisheit geben, keine Rückkehr der Sophia. Durch ihr Zusammenspiel aber kann die Weisheit wieder fließen. Die Auferstehung des Weiblichen, bekannt als »Mariä Himmelfahrt« oder als »Wiederkehr der Göttin«, kann und wird für unser Heil, für unsere Ganzheit geschehen.

Während die Trinitätslehre der westlichen Kirche das Ausfließen des Geistes durch das Zusammenwirken von Schöpfer und Kind betont, lehrt die Ostkirche, daß alles mit der Weisheit begann. Der Heilige Geist, Mutter Sophia, war da, »bevor die Berge gegründet waren, vor den Hügeln« (Spr. 8,25), und der Geist »schwebte über den Wassern«, bevor die Schöpfung begann (Gen. 1,21). Auf diese Weise ist das weibliche Gesicht Gottes in der Kosmologie, im Kosmos selbst anwesend. Das weibliche Göttliche ist auch gegenwärtig in der Geschichte der Befreiung: Die Weisheit macht nicht nur alles neu, sie »schafft Freunde Gottes und Propheten, entfaltet ihre Kraft von einem Ende der Erde zum anderen und durchwaltet voll Güte das All« (Weish. 7,27; 8,1).

Teil II
GESCHENKE DER BEFREIUNG

5. Der Kontext

Vor kurzem nahm ein Professor aus Costa Rica mit mir Kontakt auf, weil er von meiner Äußerung gelesen hatte, die Schöpfungsspiritualität sei eine Befreiungstheologie für die Völker der »Ersten Welt«. »Diese Erkenntnis müssen Sie weiterentwickeln«, sagte er. »Die Vision der Befreiungstheologie in der ›Dritten Welt‹ wird lahmgelegt, wenn ihr Leute der ›Ersten Welt‹ nicht euren Anteil an der Befreiung oder dem Befreitwerden übernehmt.«

Schon lange habe ich den Eindruck, daß die wechselseitige Abhängigkeit zwischen Nord und Süd eine Umkehr an beiden Enden der ökonomisch-politischen Wippe erfordert. Denn wir sind alle zusammen auf diesem Planeten und beeinflussen einander so gewiß wie zwei Partner auf einer Wippe. Mein Freund aus Costa Rica teilte mir eine Vision mit, die er gehabt hatte, in welcher die beiden Kontinente Amerikas ein einziger Körper waren, der Kopf in Nordamerika, der Rumpf in Südamerika und das Herz in Mittelamerika. In den letzten zehn Jahren hat das Herz stark geblutet: In Nicaragua herrschte Krieg mit den Contras, in El Salvador Bürgerkrieg und in Guatemala Völkermord. Der mystische Körper der beiden Amerika befindet sich in einem schwerkranken Zustand. Außerdem ist er zu »kopflastig«, zu stark betont durch die wirtschaftlichen, politischen und militärischen Pläne und Systeme Nordamerikas. Vom Scheitel bis zur Sohle braucht der Körper Befreiung.

Auch eine andere Frage drängt nach einer Beschäftigung mit der Befreiung der »Ersten Welt«. Seit Jahren scheint mir diese Frage so sehr auf der Hand zu liegen, daß ich etwas zögere, sie zu stellen: Warum ist die Befreiungstheologie und die Suche nach Gerechtigkeit und Mitgefühl in unserem Lande nicht viel populärer? Mit anderen Worten: Wenn die Suche nach Gerechtigkeit jedem Wesen angeboren ist – eine Behauptung, die ich in der *Vision vom Kosmischen Christus*[1] erläutert habe und für die es heute beträchtliche wissenschaftliche Belege gibt –, warum sind dann Nordamerikaner/innen und andere Menschen der »Ersten Welt« nicht viel mehr an diesem Kampf beteiligt?

Die Antwort liegt darin, daß es des kritischen Denkens bedarf, um die Werte der Befreiungstheologie auf den kulturellen Kontext der »Ersten Welt« anzuwenden, und daß auf diese Notwendigkeit noch nicht ausreichend hingewiesen worden ist. Wir können eine aus dem Kontext der »Dritten Welt« in den der »Ersten« übertragene Befreiungstheologie nicht als Befreiung bezeichnen. Sie kann als Ideologie bezeichnet werden, sie kann als eine Unterweisung angesehen werden, oder sie kann Schuld- und Schamgefühle und allenfalls begrenzte Aktionen hervorrufen. Aber sie kann nicht zu einer Befreiungs*bewegung* werden, weil sie hier nicht verwurzelt ist. Dazu bedarf es einer Übersetzung – nicht nur der spanischen oder portugiesischen Worte über die Befreiung, sondern einer Übersetzung hinsichtlich des historischen und kulturellen Kontextes, in dem sich die Menschen und Institutionen hier befinden. Es geht darum, wie die Menschen sich hier verändern können, wie ihre eigenen Interessen angesprochen werden und so weiter. Wir kennen aus den Ländern der »Dritten Welt« ja schon eine Anzahl verschiedener Befreiungstheologien: einige aus Südafrika, aus Asien, aus Peru, Chile, Brasilien und Mittelamerika.

Wir aus der »Ersten Welt« können uns nicht länger davor drücken, unsere Hausaufgaben zu machen, das heißt unsere eigenen Völker und Strukturen zu befreien, die für die Befreiungsbemühungen der Menschen in der »Dritten Welt« eine solche Bedrohung darstellen. Es bedarf zwar erheblicher Kritik an den Institutionen, aber auch eines Wandels in der Psyche und Wahrnehmungsweise von Individuen. Im Grunde verfehlen wir eines der Grundprinzipien der Befreiungstheologie: den *Kontext* zu beachten, innerhalb dessen wir agieren müssen, und den *Prozeß* zu reflektieren, den die Befreiung mit sich bringt. Die mangelnde Beachtung des Kontextes führt zu einer unwirksamen Pädagogik, und der Drang nach Befreiung wird in den Menschen nicht geweckt. Keine Gruppe kann eine andere befreien. Menschen befreien sich selbst.

Warum sind nicht viel mehr Leute der »Ersten Welt« an ihrer eigenen Befreiung interessiert? Unsere Sklaverei ist vor uns versteckt worden. Oft internalisieren wir unsere Unterdrückung und fallen Süchten zum Opfer. Wir müssen Wege finden, um die Wahrheit über unseren Zustand und unsere Geschichte zu erkennen; und wir müssen Wege finden, loszulassen. In ihrem Buch *Introducing Liberation Theology* stellen Leonardo und Clodovis Boff fest, daß die große Mehrheit der Lateinamerikaner sowohl arm als auch Christen sind. In Nordamerika (oder Europa) ist die Lage natürlich völlig anders. Die Menschen sind nicht arm, und der Versuch, sie auf die gleiche Weise zu lehren, wie sie für die Armen auf der südlichen Hemisphäre benutzt wird, kann nur zu einem Mißlingen führen. Die Bischöfe Brasiliens haben den Basisgemeinden und den Befreiungstheologen in ihrem Kampf mit den politischen und religiösen Bürokraten beigestanden. Aber in Nordamerika sind selten Bischöfe zu finden, die den Basisgemeinden, zum Beispiel der Frauenkirche oder Dignity [»Würde« – Bewegung homosexueller Christen, d. Ü.], oder der Schöpfungsspiritualität beistehen würden, wenn diese unter Beschuß seitens rechtsgerichteter Gruppen in Gesellschaft und Kirche geraten.

Ein weiteres Beispiel für den unterschiedlichen Kontext zwischen »Erster« und »Dritter Welt« ist die Drogenfrage. Im wesentlichen kauft die »Erste Welt«, während die »Dritte Welt« verkauft. Die »Erste Welt« schafft eine Nachfrage, die von der »Dritten Welt« befriedigt wird. Deshalb können wir das Drogenproblem nicht bekämpfen, indem wir uns nur auf die »Dritte Welt« konzentrieren, als läge dort die Wurzel des Problems. Das Leiden der »Ersten Welt«, das zur Drogenabhängigkeit führt, muß in der Psyche und in den Strukturen der Menschen hier angesprochen werden. Sie müssen verstehen, warum ihre Kultur so verzweifelt Drogen braucht. Warum zum Beispiel verbrauchen die Vereinigten Staaten, die zwei Prozent der Weltbevölkerung stellen, sechzig Prozent aller illegalen Drogen? Die Käufer müssen ebenso befreit werden wie die Verkäufer.

Der Teil II dieses Buches handelt nicht von Befreiungsbewegungen, die anderswo stattfinden – von den »Dritte-Welt«-Bewegungen in Lateinamerika, Afrika und Asien bis hin zu den jüngsten erstaunlichen Versuchen, in der sogenannten »Zweiten Welt« des ehemaligen Ostblocks demokratische Reformen einzuführen. Dieser Teil, dieses Buch überhaupt, handelt von der Notwendigkeit einer Befreiungsbewegung in der »Ersten Welt«. Wie können wir die »Erste Welt« befreien und uns so an die anderen Befreiungsbewegungen der Welt anschließen – nicht aus romantischer Nostalgie oder linker Ideologie, sondern aufgrund einer realistischen Vision und aus tiefer Solidarität? Können der Mut und die Leidenschaft der Menschen in der »Ersten Welt« denen in der »Zweiten« und »Dritten« gleichkommen?

Zu diesem Zweck wird das nächste Kapitel analysieren, wie die Schöpfungsspiritualität bei der Befreiung der »Ersten Welt« helfen kann. Im darauf folgenden Kapitel werde ich untersuchen, inwiefern wir diese Befreiung als einen Exodus unserer Zeit verstehen können. Und Kapitel 8 wird die Folgen der Befreiung Nordamerikas betrachten und eine neue Solidarität zwischen den Völkern beider Amerika, Nord und Süd, entwerfen.

6. Kann die Schöpfungsspiritualität Menschen der »Ersten Welt« befreien?

Aus meinen Erfahrungen bei Workshops und Vorträgen in allen Erdteilen wird mir immer deutlicher, daß die Schöpfungsspiritualität Menschen befreit, weil sie sie in ihren jeweiligen Befreiungsprozessen bestätigt und ihnen zeigt, daß sie nicht allein auf der Reise sind. Die Schöpfungsspiritualität hilft, die Isolation der Mystiker und Prophetinnen zu beenden, die unsere Kultur hervorgerufen hat.

Das ist aber nicht die einzige Art der Befreiung, die die Schöpfungsspiritualität anbietet. Leonardo Boff benennt in seinem Buch *Kirche: Charisma und Macht* mehrere Kennzeichen der Befreiungstheologie, die alle zur Analyse der Schöpfungsspiritualität verwendet werden können.

Praxis und Theorie

Die Methode der Befreiungstheologie beruht darauf, daß Theologie induktiv zu praktizieren sei: das heißt, die Theorie muß aus der Reflexion der Lebenserfahrung entstehen, aus unserer konkreten geschichtlichen und sozialen Wirklichkeit. Unsere Erfahrungen stehen für das Werk des Geistes in der Geschichte der Menschen, der Geschichte der Schöpfung. Über die verschiedenen Theologien, die seit dem Zweiten Vaticanum in Europa entstanden sind, sagt Boff, daß neue Gedanken nichts produziert haben als andere neue Gedanken. Es gebe keinen spürbaren Bruch mit der Vergangenheit, keine wesentliche Bewegung in Richtung auf eine neue Art des Christ- und Kircheseins. Es gebe keine Form der Theorie, deren Praxis auf eine Wandlung der Gesellschaft ziele oder innerhalb der Gesellschaft auf die Wandlung der Kirche. An der Methode der Befreiungstheologie ist einzigartig, wie Boff sagt, daß sie eine Glaubensreflexion darstellt, die aus der tatsächlichen Befreiungstheologie entsteht und sich mit ihr entwickelt.

Wir müssen uns hier daran erinnern, daß *Spiritualität Praxis* ist, die Praxis der Religion. Der überwiegende Teil der Religion der überentwickelten Länder befindet sich in Büchern, Gebäuden, Akademien, Institutionen, Titeln, Predigten und Wörtern. Die Lehre gehört zwar zu einer gesunden Religion, sie kann aber die Praxis nicht ersetzen. Über Gott zu *denken* ist kein Ersatz dafür, Gott zu *schmecken;* und über Gott zu *reden* kein Ersatz dafür, den Menschen Wege zur *Erfahrung* Gottes zu zeigen. Die »bürgerliche« oder institutionelle Religion kann zwar lange mit sehr wenig geistlicher Praxis weiterexistieren, aber irgendwann geht auch der Kirchenbesuch zurück, wenn die Menschen die Kirche bedeutungsloser und uninteressanter finden als andere Unterhaltungsangebote der säkularen Gesellschaft.[1] In den Ländern der »Ersten Welt« fühlen sich immer weniger Menschen vom Christentum angezogen, weil es in dieser Religion so wenig Praxis, so wenig Spiritualität gibt.

Die Schöpfungsspiritualität ist eine Methode aus »Praxis und Theorie«, die sich ausdrückt in körperlichem Gebet, meditativer Kunst, einer neuen Sicht unseres mystischen Erbes, einer Analyse unserer kulturellen Situation, einer angemessenen wissenschaftlichen Perspektive, in Wegen, unser Verhältnis zur Gottheit neu vorzustellen – wie den Panentheismus und die Tradition des Kosmischen Christus –, und in konkreten Aktivitäten für soziale Gerechtigkeit. Das Ziel von alldem ist die persönliche und gesellschaftliche Wandlung. Und bei allem wird die Erfahrung gegenüber der Institution betont. Die Teilnahme geht von den Menschen selbst aus und nicht von verknöcherten und oftmals leblosen Formen. Deshalb kann die Schöpfungsspiritualität die Religion verlebendigen und von sich selbst erlösen. Wie C. G. Jung einmal sagte, bringen nur die Mystiker das Schöpferische in die Religion. In den Industrieländern brauchen wir deshalb eine Befreiung des Mystischen. Wenn Mystikerinnen und Mystiker wieder zum Gottesdienst zusammenkommen, werden auch die Jugendlichen und die Entfremdeten zurückkommen, denn das menschliche Herz findet nichts natürlicher als den Wunsch zu danken. Sind die Wunden einmal geheilt, so daß die Menschen wieder Ehrfurcht und Staunen empfinden können, wird das Verlangen nach Möglichkeiten zum Loben und Danken einhergehen mit Gelegenheiten zu wirksamem Einsatz des Mitgefühls.

Aus der *Praxis* derer, die mit der mystischen Reise in Verbindung sind, hat die Schöpfungsspiritualität eine *Theorie* dieser Reise entwickelt. Diese Ausformulierung der Reise zeigt sich in den vier Pfaden, in deren Spirale wir ständig weitertanzen und uns ausweiten zu immer größeren Umkreisungen. Es scheint für die praktischen Anwendungen der Pfade kein Ende zu geben. Mit ihnen können wir die Welt der Nahrung, des Bodens, des Elternseins, der Sexualität wieder betreten – kurz gesagt, die ganze Erfahrung des Lebens und Schaffens. Viele Menschen haben mir im Laufe der Jahre gesagt, daß sie in meinem Buch *Der Große Segen*[2], in dem ich die Schöpfungsspiritualität systematisch darstelle, ihr eigenes Erleben benannt gefunden haben. Das Ergebnis einer solchen Benennung ist, daß die Mystik wieder geachtet, gefeiert und ermutigt wird. Darf der Geist wieder fließen, so werden unsere religiösen Überlieferungen wieder beseelt.

Das Benennen des Weges gehört ebenfalls zur Methodik der Befreiungstheologie. Der Kongreß der lateinamerikanischen Bischöfe in Medellín von 1968 unterschied drei Stadien des Weges der Befreiungstheologie. Das erste wurde als »Moment des Sehens« bezeichnet, welchem der »Moment des Urteilens« folgt und schließlich der »Moment der Handlung«, womit die Richtung der pastoralen Aktivität erfaßt wird. Boff schreibt, daß der entscheidende Moment derjenige der verändernden Handlung sei, einer verändernden Praxis, in konkretem Engagement von Gruppen, die sich zu Reflexion und Aktion zusammengefunden haben. Beachten wir, wie parallel diese drei Schritte zu den vier Pfaden verlaufen: Das »Sehen« geschieht auf Pfad eins und zwei – die Schönheit und Dunkelheit werden gesehen, ohne sie zu beurteilen. Auf Pfad drei, der Via Creativa, urteilen wir und wählen, welchen Bildern wir uns anvertrauen wollen, auf welche wir uns einlassen wollen – dies ist der Pfad der Entscheidung. Auf dem vierten Pfad, der Via Transformativa, kommt es zum entscheidenden Moment der Handlung, zur Rückkehr in die Gesellschaft mit der Kraft und Kreativität der vorigen drei Pfade, die nun zur Feier und für das Schaffen von Gerechtigkeit eingesetzt werden können.

Sowohl die Schöpfungsspiritualität als auch die Befreiungstheologie bedürfen der Theorie und der Praxis, um über das bloße »Denken« hinaus zu Aktionen zu kommen, die auf kritischer Reflexion und schöpferischen Entscheidungen beruhen.

Empörung

Als zweiten kennzeichnenden Ausgangspunkt der Befreiungstheologie nennt Boff die Empörung. »Die Befreiungstheologie beginnt mit der Empörung über die Armut, die Gottes Kinder erleben müssen«, schreibt er, »eine Armut, die sicherlich nicht von Gott gewollt ist. Gleichzeitig wird die Armut als eine religiöse Erfahrung für die Armen angesehen, in denen der leidende Gottesknecht gegenwärtig ist.« Die Armen als den leidenden Gottesknecht (siehe Jesaja 53) zu erfahren heißt auch, in den Leidenden den Kosmischen Christus zu erfahren, den wiederum gekreuzigten Christus.

Es gibt auch Empörung über die Armut in den Industriestaaten und -völkern. Zunächst gibt es da die materiell Armen in der »Ersten Welt«. In meinem eigenen Land gibt es Nischen der Armut, die den schlimmsten gleichkommen, die wir in der »Dritten« und »Vierten Welt« finden können, nur daß es bei uns die *Möglichkeit* zu sofortiger Besserung gäbe.

Sehen wir uns folgende Fakten aus dem heutigen Leben in den USA an:

- 20 Millionen Bürgerinnen und Bürger, darunter 12 Millionen Kinder, werden irgendwann in diesem Monat Hunger leiden.
- Zwischen 3 und 7 Millionen Menschen sind obdachlos, viele davon Arbeiterfamilien. 40 Prozent dieser Obdachlosen sind Familien mit Kindern. 50 Prozent der Obdachlosen sind Vietnam-Veteranen.
- 8 Millionen Mieter haben einen Anspruch auf Plätze im sozialen Wohnungsbau, der aber nur 4,2 Millionen Einheiten zur Verfügung stellt.
- 36 Millionen Menschen fehlt es an grundlegender Gesundheitsfürsorge.
- 72 Millionen Menschen (ein Drittel der erwachsenen Bevölkerung der USA) haben keinen höheren Schulabschluß, und 31 Millionen sind praktisch Analphabeten.
- Jedes fünfte Kind unter sechs Jahren ist arm.
- Jedes zweite schwarze Kind ist arm.
- Zwei von fünf Kindern spanischer Abstammung sind arm.
- Zwischen 1980 und 1984 gewannen die reichsten 20 Prozent der amerikanischen Familien 25 Milliarden Dollar an Einkommen hinzu, die ärmsten 20 Prozent hingegen verloren 6 Milliarden.
- Die ärmsten 20 Prozent der amerikanischen Familien hatten 1968 etwa 91 Prozent des Existenzminimums an Einkommen; 1983 waren es nur noch 60 Prozent.
- Seit 1977 ist das Bruttoeinkommen der unteren 60 Prozent der amerikanischen Steuerzahler/innen unter Berücksichtigung der Inflation um 14 Prozent gefallen. Doch sind die Steuern in dieser Einkommensgruppe um 19 Milliarden Dollar gestiegen. Im gleichen Zeitraum ist das Bruttoeinkommen des obersten 1 Prozent aller Amerikaner unter Berücksichtigung der Inflation um 86 Prozent auf einen Jahresdurchschnitt von 549 000 Dollar hinaufgeschnellt.

In den Vereinigten Staaten wird die Armut zu einer immer deutlicheren Tatsache. Die Reichen werden reicher und die Armen ärmer. Um das zu sehen, müssen wir noch nicht einmal die Statistiken konsultieren. Es reicht, einen Blick in die Straßen unserer Städte zu werfen mit den länger werdenden Reihen der obdachlosen und arbeitslosen Menschen, den Familien an öffentlichen Suppenküchen und in Notunterkünften. Wie Barbara Ehrenreich es ausdrückt, ist es unserer Gesellschaft gelungen, einen großen Teil der amerikanischen Armen auf den Zustand zu reduzieren, der den Armen in der »Dritten Welt« entspricht – auf ein Dasein als Bettler und Stadtstreicher in provisorischen Unterkünften.

In den USA fand während der achtziger Jahre eine »massive Aufwärtsverteilung des Reichtums« statt, wie Ehrenreich sagt. Auch die Mittelschicht ist ärmer geworden, selbst bei Doppelverdienern, und sie zahlt mehr Steuern. Zusätzlich sind Vorbehalte gegenüber den Armen entstanden, die für nichts etwas zu bekommen scheinen, wenn sie zum Beispiel von der Wohlfahrt leben. Doch sind die Armen an sich die natürlichen Verbündeten der Mittelschicht, deren Angehörige sich von ihnen meistens nur durch ihre bessere Ausbildung unterscheiden. Abgesehen davon stammt die überwältigende Mehrheit der Vorfahren europäischer Amerikaner/innen nicht aus den privilegierten Schichten Europas, sondern sie kamen selbst als Opfer von Arbeitslosigkeit, Obdachlosigkeit oder politischer und religiöser Verfolgung. Diese gemeinsamen Wurzeln sollten die Armen und die Mittelschicht eher zu Verbündeten als zu Konkurrenten machen.

Auf jeden Fall muß die »Erste Welt« ebenso ihre gerechte Empörung und moralische Entrüstung durchleben wie die »Dritte Welt«, wenn sie die unnötige Armut und die dadurch verursachte Verzweiflung und Gewalt sieht. Und die Empörung ist echt, denn Gott will dieses Leiden nicht, ja Gott leidet selbst darunter, denn Gott ist eine der Armen, der Kosmische Christus, der in jedem Menschen neu gekreuzigt wird. Jede Befreiungstheologie für die »Erste Welt« wird sich an die Gleichgültigkeit und den Mangel an Empörung und Unwillen richten müssen, die in unserer Kultur vorherrschen. (Abraham J. Heschel ist der Auffassung, daß unsere Generation »die Fähigkeit zur Empörung verloren hat«.)

Die Schöpfungsspiritualität bietet sowohl eine Theorie dafür an, warum es in der »Ersten Welt« so wenig Entrüstung gibt, als auch eine Praxis, sie zu erwecken. Leonardo und Clodovis Boff unterscheiden zwei Arten von Armut: die Armut der »tatsächlich Armen«, die keine Mittel für ihren Lebensunterhalt haben, und die Armut der »evangelischen Armen«, die ihre bequeme Umgebung verlassen, um in Solidarität mit den wirtschaftlich Armen zu leben und sich sogar mit ihnen zu identifizieren, wie es auch der historische Jesus tat.

In der »Ersten Welt« findet sich aber noch eine dritte Art Armut: eine *geistige Armut,* die dort spürbar ist, wo der Konsum regiert und der Materialismus das Leben beherrscht, wo die Jugend gelangweilt oder gegen sich und andere gewalttätig ist.[3]

Zu denen, die unter der Armut der Seele in den Industrie-Ländern leiden, gehören jene, die der Langeweile ausgesetzt sind – »ein Luxusleben schafft Langeweile«, beobachtete vor achthundert Jahren Hildegard von Bingen. Und auch die Verzweifelten gehören dazu – Verzweiflung entsteht, wenn man »von seiner eigenen Göttlichkeit abgeschnitten ist«, wie vor siebenhundert Jahren Thomas von Aquin feststellt. Joanna Macy hat rund um die Welt Workshops zum Thema »Verzweiflung im Atomzeitalter« gehalten und dabei die Erfahrung gemacht, daß die sogenannte Gleichgültigkeit in der »Ersten Welt« nichts anderes ist als verdeckte Verzweiflung. Der Schlüssel zur Bewältigung der Gleichgültigkeit liegt also im Umgang mit der Verzweiflung. Das kann geschehen, indem die Menschen wieder an ihre Verbindung mit dem Göttlichen erinnert werden und an ihre Fähigkeit, schöpferisch zu sein und mitzuerschaffen. Andere, die unter der seelischen Verarmung leiden, sind abhängig von Drogen, Alkohol, Arbeit, Einkauf, Essen, Fernsehen, Unterhaltung, Sport, Religion, Nationalismus und Faschismus. Wer diesen Versklavungen unterliegt, ist in sehr radikalem Sinne arm. Bleibt diese Verarmung bestehen, so geben sie ihr Elend durch eigene Gewalttätigkeit an ihre Kinder weiter oder durch institutionelle Strukturen, die Gewalt dulden.

Außerdem gibt es die wachsende Armut der Mutter Erde. So wie die Eroberer Amerikas vor Jahrhunderten unter den eingeborenen Völkern des Landes gehaust haben, so wird – unter der Führung der Konzerne der »Ersten Welt« – heute die ganze Erde verwüstet. Die Vergewaltigung und Plünderung der Erde drückt sich überall aus im Verarmen des Bodens, in der Wasser- und Luftverschmutzung, der Vergiftung und Vernichtung der Wälder und der Ausrottung ganzer Arten von Pflanzen und Tieren in ungekanntem Ausmaß. Unter den Menschen wirkt sich dieses Gemetzel an der Erde in Form von Fehl- und Unterernährung und Krankheit besonders bei der Jugend aus.[4]

Nicht allein die Erde wird verwüstet, sondern auch die sie umgebende Biosphäre wird angegriffen: Das Ozonloch von der Größe eines Kontinents über der Antarktis stellt eine Warnung dar, daß unsere Industrie und unser Transportwesen mit ihrem hohen Ausstoß an Kohlen- und Stickoxyden in die Atmosphäre sich ändern müssen. Dies obliegt besonders den überentwickelten Staaten, weil ihre Kohlendioxyd-Emissionen weit über denen der unterentwickelten Staaten liegen. Das heißt außerdem, daß letztere nicht den Lebensstil der ersteren nachahmen dürfen, sondern nach eigenen, gesünderen Lebensformen suchen müssen. Als ich in Brasilien war, freute es mich zu erfahren, daß ein großer Teil der brasilianischen Autos mit einer Art Alkohol fahren, der viel sauberer verbrennt als das Benzin in den Autos des Nordens.

Wenn Gesundheit tatsächlich ein Reichtum ist, wie ich glaube, dann wird die Erde immer ärmer, während wir die reichen Segnungen von Erde, Wasser, Feuer und Luft verpesten. Wo bleibt bei all diesem Leiden der Armen unsere Empörung?[5] Jede Befreiungsbewegung muß die Kraft haben, unter ihren Bürgern moralische Entrüstung zu wecken, denn in dieser liegt die Kraft zur Befreiung.

Mit ein wenig Phantasie und Gelassenheit sehen wir, was wir tun könnten:

- Für die Kosten von zwei Kampfflugzeugen (45 Mio. Dollar) könnten wir in Dörfern der »Dritten Welt« 300 000 Handpumpen für Wasser installieren, um den Menschen Zugang zu sauberem Trinkwasser zu schaffen.
- Für die Kosten von einem Trident-Atom-U-Boot (1,4 Milliarden Dollar) könnten wir ein Fünfjahres-Programm zur weltweiten Impfung von Kindern gegen sechs tödliche Krankheiten ins Leben rufen und damit jährlich eine Million Todesfälle verhindern.
- Für die Kosten eines Atomwaffenversuchs (12 Mio. Dollar) könnten wir in der »Dritten Welt« 40 000 Gesundheitshelfer/innen für Gemeinden ausbilden.
- Für die Kosten von »Star Wars« (3,9 Milliarden Dollar) könnten wir eine schulische Grundausbildung für 1,4 Millionen Kinder in Lateinamerika bezahlen.
- Gemeindearbeiter/innen auf den Philippinen haben ein Programm entworfen, um mit einer Investition von 500 Dollar pro Job Basisarbeitsplätze zu schaffen. Mit dieser Methode könnten die USA, indem sie ihren Militäretat von 300 Milliarden Dollar umfunktionieren, weltweit 600 Millionen Jobs schaffen.

Erforschung der Wege

Eine dritte Dimension der Befreiungstheologie liegt in der »Erforschung der Wege, auf denen einerseits solch unverantwortbares Elend und andererseits solch skandalöser Reichtum entstehen«, sagt Leonardo Boff. Historische, soziologische, politische und ökonomische Analysen werden mit ins Spiel gebracht, so daß sich anhand dieser sozioanalytischen Werkzeuge mit den Augen des Glaubens und der Theologie die »Wege der Sünde« unterscheiden lassen. Unter den tatsächlich Armen und den geistig Verarmten in Amerika spielen Drogen, Alkohol und andere Süchte eine immer mehr hervortretende Rolle. (So wird beispielsweise geschätzt, daß 80 Prozent der in den USA begangenen Verbrechen im Zusammenhang mit Drogen stehen, ebenso wie die enorm angewachsene Belegung der Gefängnisse.) Eine Analyse des Drogenbooms in den USA muß psychospirituelle Kriterien dafür liefern, *warum* Menschen süchtig werden, wie auch ein Verständnis dafür, welche Lücke der Drogenhandel in einer von Armut heimgesuchten Gesellschaft füllt, in der nach Beschäftigung und Geld gesucht wird.

Wir müssen uns zum Beispiel vor Augen halten, daß die Afroamerikaner mit Sklavenschiffen nach Amerika gebracht wurden. Die Sklaverei war ein System, das Familien absichtlich auseinanderriß, um die einzelnen besser kontrollieren zu können. Der Kampf darum, unter den Bedingungen der modernen Ghettos, in denen 55 Prozent der jungen Männer arbeitslos sind, die Familien aufrechtzuerhalten, kann nicht ohne diese historischen und soziologischen Hintergründe verstanden werden. Unser kapitalistisches System, das seine Waren allen Schichten über das Fernsehen anbietet, funktioniert bei den Ghettobewohnern nicht. Nach Angaben von George Miller hat sich dort von 1973 bis 1986 der Anteil der schwarzen Männer im Alter zwischen 18 und 29 Jahren, die außerhalb des Arbeitsmarktes stehen, mehr als verdoppelt. Innerhalb der letzten zwei Jahrzehnte hat sich in den USA die Zahl der innerstädtischen Ghettos mehr als verdoppelt. Und die Kriminalität, besonders der Drogenhandel, ist an die Stelle legaler Arbeit getreten. Wenn wir die steigende Kriminalität, den Drogenhandel und die Überfüllung der Gefängnisse aus historischer und soziologischer Sicht analysieren, dürfen wir nicht unterschätzen, welche Rolle dabei die noch aus den Zeiten der Sklaverei stammende Zerstörung der schwarzen Familie spielt.

Überlegen wir auch, welche psychospirituellen Hintergründe der Drogenhandel in Amerika haben könnte. Selbst wenn der Drogenhandel bei den Armen Arbeitsplätze schafft, könnte er doch nicht ohne die Sucht der bequem lebenden Schichten florieren. Arm und reich befinden sich hinsichtlich der Sucht in gegenseitiger Abhängigkeit.

In ihrem Buch *When Society Becomes an Addict (Wenn die Gesellschaft süchtig wird)* definiert Anne Wilson Schaef Sucht als einen Prozeß, über den wir keine Macht haben, der uns die Kontrolle nimmt und uns Dinge tun und denken läßt, die mit unseren persönlichen Werten nicht übereinstimmen, so daß wir immer mehr unter Zwänge und in Abhängigkeit geraten. Was ist das Ergebnis einer Sucht? Schaef zufolge verhindert eine Sucht, daß wir uns bewußt darüber werden, was in uns geschieht. Wir brauchen uns mit unserer Wut, unserem Schmerz, unserer Depression und Verwirrung und nicht einmal mit unserer Freude und Liebe mehr auseinanderzusetzen, weil wir sie gar nicht oder nur sehr schwach empfinden können. Schaef weist darauf hin, daß dieser Mangel an Bewußtheit auf die Dauer die inneren Prozesse abtötet und uns dadurch das weitere Süchtigbleiben ermöglicht. Entscheiden wir uns nicht, unsere Sucht abzubauen, so werden wir sterben. Und das Sterben findet nicht nur auf persönlicher Ebene statt, sondern gehört auch zu unserer kulturellen Struktur. All unsere Beziehungen sind davon betroffen, einschließlich der Institutionen, die uns ausbilden und in denen wir arbeiten und Gottesdienst feiern.

Die Schöpfungsspiritualität trifft direkt den Lebensnerv der Suchtkrankheit. Statt die inneren Prozesse abzutöten, erweckt sie sie. Statt Wut, Schmerz oder Depression zu leugnen, benennt sie sie auf der Via Negativa, die jede Mystikerin, jeder Mystiker beschreiten muß. Die Schöpfungsspiritualität gibt uns die Werkzeuge zum Erwecken unserer inneren Prozesse und zum Betreten der Dunkelheit.

Auf der Via Positiva werden die Freude und Liebe gefeiert, die in Suchtpraktiken abgetötet werden. Und die Erfahrung der Ehrfurcht ist wiederum notwendig, um dem Dunkel vertrauen zu können. Man betritt eine Höhle nicht ohne eine Laterne.

Kürzlich traf ich in Brasilien einen jungen Jesuiten, der zwei Jahre lang mit den Stämmen am Amazonas gearbeitet hatte. Als ich ihn fragte, was er dort gelernt habe, antwortete er ohne zu zögern: »Freude. Sie erleben dort an einem Tag mehr Freude als wir in einem ganzen Jahr. Und sie leben nicht so lange und haben nicht so viel wie wir.« Einige Afroamerikaner, die vor kurzem erstmalig Afrika besuchten, wurden von den Afrikanern gefragt: »Warum seid ihr Amerikaner immer so traurig?« Wenn die Kosmologie verlorengeht, geht auch die Freude verloren. Das Freuen wird auf die Pseudo-Vergnügungen des Einkaufens und Verkaufens, des Gewinnens und Tratschens und des Ersatzlebens in Helden und Melodramas reduziert. Freude, eine Gabe des Geistes, ist der Ausgangspunkt der geistigen Reise.

Eine weitere von Schaef genannte Dimension der Sucht ist die Co-Abhängigkeit. Schaef definiert sie als Abhängigkeit von einer anderen Person und ihren Problemen oder von einer Beziehung und ihren Problemen. Kennzeichen dieses Zustandes sind niedriges Selbstwertgefühl, Arbeitssucht, Handeln, um zu gefallen, um »gute« Leidende oder christliche Märtyrer zu sein, um immer freiwillig Dienende und bis zur Erschöpfung selbstlos zu sein. Schaef sagt: »Die Krankheit der Co-Abhängigkeit ist das Ergebnis jahrelanger Übung. Der gute christliche Märtyrer ist das Produkt sorgfältiger Pflege.« Ohne solche Co-Abhängigkeit könnten Suchtsysteme nicht bestehen.

Im Gegensatz zur Co-Abhängigkeit lehrt die Schöpfungsspiritualität die wechselseitige Abhängigkeit. Sie greift das geringe Selbstwertgefühl direkt an, indem sie eine Psychologie des Ursegens statt der Ursünde lehrt. Statt Märtyrertum zu propagieren, lehrt sie, daß die Via Positiva im Herzen unseres Daseinsgrundes ist – »Gott freut sich am Gottselbst in allen Dingen«, sagt Meister Eckhart. Die schöpfungsbezogene Spiritualität lehrt, daß wir unser Leben voll leben können und daß Askese eine Ablenkung von diesem Vorhaben darstellen kann.[6]

Schaef stellt fünf Elemente der Suchtstruktur fest. Das erste ist *Kontrolle*. Kontrolle führt zur Depression, wenn wir versagen (was uns immer einmal passiert), und zu Streß, den Schaef als ein Nebenprodukt der Illusion der Kontrolle ansieht. In dem Versuch, immer die Kontrolle zu behalten, liegt der Zwang, »Gott zu spielen«. Der »Gott der Suchtstruktur«, schreibt Schaef, sei der »kontrollierende Gott«. Diesen Kontrollzwang spricht die Schöpfungsspiritualität direkt an, indem sie den mystischen Weg des Zulassens und Loslassens lehrt, die Via Negativa. Dabei bezieht sie sich auf mystische Praktiken, die uns zum Loslassen führen. Haben Sie jemals an einer indianischen Schwitzhütte teilgenommen? Da gibt es keine Kontrollmöglichkeiten mehr. Entweder man läßt los, oder man kippt um.

Das zweite Element der Suchtstruktur ist die *Unehrlichkeit*. »Süchtige sind fürchterliche Schwindler«, schreibt Schaef, und oft beginnt die Lüge dort, wo der oder die Süchtige sich selbst belügt. Belügen sie sich einmal selbst, dann können sie mit anderen nicht mehr ehrlich sein, und so sind Süchtige damit beschäftigt, die Menschen um sich herum und schließlich die ganze Welt zu belügen. Hinter diesem Lügen steckt die Annahme, daß niemand sie mögen würde, wenn sie mit sich selbst in Kontakt kämen und sich anderen öffneten. Lügen passen zum Kontrollzwang.

Gegen dieses Lügen weiß die Schöpfungsspiritualität ein Gegenmittel: meditative Kunst. Den Ton können wir nicht belügen, wenn wir damit arbeiten, oder den Körper im Tanz, oder das Herz in der Meditation. Meditative Kunst feiert, was in uns ist. Sie lädt die Wahrheit ein, von innen heraus zu kommen, und ermutigt alle, auf die Wahrheit und die inneren Bilder zu hören, ihnen zu vertrauen, sie zu gebären und das Risiko einzugehen, anderen unsere innere Person zu offenbaren. Paulus, Eckhart und andere Mystikerinnen und Mystiker sprechen vom »inneren« im Gegensatz zum »äußeren Menschen«. Wir brauchen Wege, um diesen inneren Menschen zu finden, um die Wahrheit unserer Freude und unserer Wunden sprechen zu lassen. Wenn wir meditative Kunst (im Gegensatz zu produktorientierter Kunst) praktizieren, dann setzen wir unsere Seelen der Gemeinschaft aus, der Annahme oder Ablehnung. Die Via Creativa läßt sprechen, was die Psychologin Alice Miller das »wahre Selbst« nennt.

Mystikerinnen sprechen von Selbsterkenntnis und Aufrichtigkeit gegen sich selbst als Schlüssel zur Mystik. Teresa von Avila und Katharina von Siena betonen diese Tugend besonders; letztere bezeichnet die Selbsterkenntnis als die Wachstumszelle der Seele, und erstere nennt sie die »Grundmauer«, auf welcher die Seele als eine Burg oder ein Gebäude errichtet werden kann. Eckhart sagt, daß die Seele alle Namen, die sie Gott gibt, aus ihrem Wissen von sich selbst erhalte. Besser also, wir benennen uns selbst ehrlich, denn sonst wird unsere Beziehung zu Gott wie auch alle anderen Beziehungen unseres Lebens verzerrt.

Schaef definiert Ehrlichkeit als einen Prozeß. Ehrlich zu werden bedeutet, mit unseren Gefühlen in Berührung zu kommen und sich mit ihnen auseinanderzusetzen, ganz gleich, wie sie sind. Das Gegenmittel der Schöpfungsspiritualität gegen die Unehrlichkeit ist also die Via Creativa.

Schaef spricht auch über die abnormen, die Suchtstruktur unterstützenden Denkvorgänge, die »fast ausschließlich von Funktionen der linken Hirnhälfte abhängen«. Das System beruht auf einer Überschätzung des linearen, rationalen, logischen Denkens. Diese Art zu denken vereinfacht die Welt so weit, daß die Illusion ermöglicht wird, sie könne kontrolliert werden. Das Gegenmittel gegen solch ein abnormes Denken ist ein gleiches Maß an rechtshemisphärischem oder mystischem Denken. Weil die Schöpfungsspiritualität in jedem Menschen das Mystische hervorruft, bietet sie einen effektiven Weg zu einer Bildung des rechtsseitigen Hirns. In Kombination mit der analytischen Strenge der linken Seite entsteht echtes Wissen.

Nach Schaef ist ein drittes Element der Suchtstruktur die *Verdrängung.* Verdrängung sei der Hauptabwehrmechanismus des Süchtigen, stellt sie fest. Wir verdrängen das Leid der Arbeitslosen, der »Dritten Welt«, der Beziehungen in der »Ersten Welt«, der Mutter Erde, der Jugend, unser eigenes Leiden. Kürzlich besuchte mich ein neununddreißigjähriger Freund, der mir erzählte, daß er bei einer Sitzung mit einem Körpertherapeuten sich jetzt zum ersten Mal daran erinnern konnte, daß er im Alter von sieben Jahren von seiner Tante mißbraucht worden war. »All die Jahre hatte ich diese Erinnerung in mir vergraben«, sagte er, »aber in den Zellen meines Körpers war sie noch vorhanden.« Der Körper lügt nicht. Hören wir auf ihn, so wird er uns angenehme und unangenehme Wahrheiten enthüllen. Sie alle müssen vernommen werden, denn die Alternative besteht darin, unsere schöpferischen Kräfte an Kontrollzwänge zu verschwenden, an Unterdrückung oder an den Versuch, die Wahrheit zu vergessen.

Die feministische Bewegung bemüht sich, die Verdrängung zu bekämpfen und den Schmerz offenzulegen, so daß wir uns mit ihm auseinandersetzen können. Wie viele Befreiungsbewegungen wirkt sie teilweise dadurch, daß sie Menschen zusammenbringt, damit sie sich ihre jeweiligen Geschichten erzählen. Auch wenn Männer ermuntert werden, sich ihre Geschichten zu erzählen, stellen sie oft fest, daß sie ebenfalls Opfer eines Systems geworden sind, das sie materiell zwar oft belohnt hat, nicht aber geistig. Eckhart sagt, daß Gott die Leugnung der Leugnung sei, die Aufhebung der Verdrängung. Solange wir uns auf die Verdrängung einlassen, ist Gott in jeder praktischen Hinsicht abwesend. Denn für Süchtige, so warnt uns Schaef, wird die Verdrängung zur normalen Lebensweise. Nicht jedoch für Schöpfungsmystiker: Meditative Kunst als Hauptform des Gebets »leugnet die Leugnung«, hebt die Verdrängung auf, denn in der Kunst, im Ausdruck unserer tiefsten Erinnerungen, Gefühle und Erfahrungen, wird Verdrängung nicht toleriert.

Das vierte Kennzeichen der Suchtstruktur ist der *Perfektionismus*. Schaef stellt fest, daß Alkoholiker, Drogenabhängige und zwanghafte Esser Perfektionisten sind. Sie sind überzeugt, daß nichts von dem, was sie tun, jemals gut genug ist, daß sie niemals gut genug sind, daß sie nie so viel tun, wie sie sollten, und daß sie perfekt sein könnten, wenn sie nur herausfänden wie. Eine auf Schuld beruhende Religion, die mit der Erbsünde anfängt, fördert den Perfektionismus. Doch kann der Glaube, daß wir nie gut genug seien, durch die Entdeckung geheilt werden, daß jede, jeder von uns ein ursprünglicher Segen ist und in einem Universum voller Ursegen lebt. Das Reden vom »vollkommenen Leben« und dem »Streben nach Vollendung«, das die spirituelle Literatur des Abendlandes während der Zeit der Sündenfall-Erlösungs-Religion beherrschte, hat diese Krankheit namens Perfektionismus genährt.

Schaef schreibt: »In einem System, das Vollkommenheit fordert, sind Fehler nicht akzeptabel.« Die Via Creativa hat im Kontrast dazu immer mit dem Fehlermachen zu tun, ja sie feiert sie sogar und lehrt, wie sie fruchtbar gemacht werden können. Aus Fehlern entstehen Vielfalt und neue Möglichkeiten. Oft lernen wir das Wichtigste durch Versuch und Irrtum, und durch sogenannte Fehler wird unsere Phantasie angeregt. Eine gesunde Via Negativa, die uns ein echtes Loslassen und Gelassensein lehrt, hilft uns auch dabei, unsere Fehler anzunehmen und in einer unvollkommenen Welt zu leben. Wir lernen nämlich, den Perfektionismus loszulassen. Wir können danach streben, brillant zu sein, ohne uns von der Vollkommenheit abhängig zu machen; das sind zwei verschiedene Dinge. Brillanz heißt, daß wir unser Bestes und Schönstes erreichen; Perfektion dagegen setzt eine äußere Norm voraus, die festlegt, was das Beste ist, und das Subjektive, Persönliche und Einzigartige übersieht.

In diesem Kapitel habe ich zu zeigen versucht, inwiefern die Schöpfungsspiritualität als eine Befreiungstheologie für die Völker der »Ersten Welt« verstanden werden kann. Dazu habe ich Parallelen gezogen zwischen befreiungstheologischen Kategorien aus Südamerika und der Schöpfungsspiritualität in Nordamerika: die Notwendigkeit der Kombination von Theorie und Praxis, die Rolle der moralischen Empörung und der kritischen Erforschung der Wege der Sünde und des Elends. Auch wenn wir die kontextuellen Unterschiede zwischen der Befreiung in der »Dritten Welt« und der »Ersten Welt« beachten müssen, können wir doch erkennen, daß die Bewegung zur Befreiung der überentwickelten Völker der Nordhalbkugel Parallelen zur Befreiungstheologie des Südens aufweist. Der Norden, der hinsichtlich unserer Bürokratie, unserer Köpfe, unserer Süchte, unserer Verdrängungsfähigkeit, unserer Ängste, unseres Militarismus und unseres Mißbrauchs der globalen Ressourcen so überentwickelt ist, bleibt gefährlich unterentwickelt, was unsere Phantasie angeht, unseren Geist und unsere Empörung. Wir müssen die Aufgabe angehen, uns selbst zu befreien.

7. Befreiung von, Befreiung zu
Eine Exodusgeschichte für die überentwickelten Völker

Nachdem Gott die Israeliten aus der Sklaverei in Ägypten geführt hatte, wurde dieser Auszug als *Exodus* bezeichnet. Ein Exodus ist ein befreiendes Ereignis, eine erlösende Bewegung. Aber Befreiung geht nicht nur *von* einem Zustand der Sklaverei, Unterdrückung oder des Unrechts aus, sondern auch *zu* etwas hin. Im Falle der Israeliten ging die Bewegung ins Gelobte Land, in ein freies, autonomes und selbstgestaltetes Leben, zur Erfüllung der göttlichen Verheißung eines Friedensbundes, der auf Gerechtigkeit basiert.

Eine Befreiungsbewegung ruft die Menschen heute also nicht nur auf, hinter sich zu lassen, was sie unterdrückt, sondern das Neue aufzunehmen, die Freiheit zu trinken, die das Gegenteil der Unterdrückung ist. Sind wir jedoch unterdrückt, so kann sogar unser Verständnis der Freiheit durch das verzerrte Weltbild der Unterdrücker oder des unterdrückenden Systems befleckt werden. Deshalb ist es wesentlich, den Rhythmus des »von« und »zu« zu betrachten, der in der befreienden Dialektik liegt, die die Schöpfungsspiritualität den überentwickelten Völkern zu bieten hat. Dazu beschreibe ich einige befreiende Richtungen, in die sich ein Volk, das dem schöpfungsbezogenen Pfad folgen will, vermutlich wenden wird.

Von der allgemeinen Säkularisierung zur Resakralisierung von allem

Die überentwickelte Welt ist gekennzeichnet durch eine Säkularisierung aller Lebensbereiche: Sexualität, Kunst, Arbeit, Information, Medien, Boden, Landwirtschaft, Elternschaft, Kinder, Kriege, Geld und die Art, es auszugeben, Gesundheitswesen, Wissenschaft, Bildung, Regierung und Wirtschaft. In der überentwickelten Welt ist sogar die Religion in vieler Hinsicht säkularisiert: nicht nur dort, wo sie – wie bei den Fernsehpredigern – zum großen Geschäft wird, sondern auch da, wo sie nicht mehr das Heilige, die Ehrfurcht und das Numinose zu erwecken vermag. Die Religion unterwirft sich der Säkularisierung durch ihre Unterlassungssünden, überall, wo den Ereignissen unseres persönlichen und kulturellen Lebens die Ehrfurcht, das heißt das Heilige, ausgesaugt wird.

Die Schöpfungsspiritualität lehrt, daß allem das göttliche Licht innewohnt, daß jedes Geschöpf eine Manifestation des Kosmischen Christus ist und daß die Gottheit die ganze Wirklichkeit durchdringt. Als wir Kinder waren, haben wir alle die Welt als heilig angenommen; und die Schöpfungsspiritualität hilft uns dabei, diese Erfahrung wiederzufinden. Dazu sind in allen schöpfungsbezogenen Überlieferungen der Welt Meditationswege und geistliche Praktiken entwickelt worden, die die Sinne zu ihren vollen Fähigkeiten erwecken. Zu diesen Praktiken gehört auch das Loslassen von Blockaden, von Schmerz und der Verwundung des mystischen Kindes in uns, die uns daran hindern, die Welt als heilig zu erleben.

Von Langeweile und Passivität zu Staunen, Kreativität und Kraft

Wo Luxus ist, da herrscht Langeweile. Wo Langeweile herrscht, da stellen sich Gewalt, Drogen und andere Formen der Sucht ein, die die Langeweile vertreiben oder – wenigstens zeitweise – überwinden sollen. Im Leben kommt es aber nicht auf den Luxus an – sondern darauf zu *leben!* In einer überentwickelten Kultur heißt echtes Leben Disziplin und Loslassen und Beschränkung. Es geht um Einsatz für die Herausforderung und das Abenteuer, für das Opfer und die Leidenschaft, Ehrfurcht ist das Gegenmittel gegen Langeweile; und die Schöpfungsspiritualität erweckt die Ehrfurcht vor dem Dasein in diesem erstaunlichen Universum und vor der Teilhabe an seiner fortwährenden Kreativität. Wir müssen wohl loslassen und einfacher leben, um das Wunder wirklich wahrnehmen zu können, das Gott und die Natur gewirkt haben. So lehrt Eckhart, daß Gott sich in der Seele nicht durch ein Hinzufügen finden läßt, sondern durch ein Fortnehmen. Wer in der schöpfungsbezogenen Spiritualität lebt, der lernt, warum dies so ist. Das Fortnehmen kann selbst zu einem ehrfurchtgebietenden Spiel werden, zu einem spielerischen Ritual, bei dem alle gewinnen und niemand verliert.

Unsere Erfahrung des Wunderbaren ist paradox, wie Abraham J. Heschel zeigt:

»Staunen, tiefe Verwunderung, der Zustand der Unangemessenheit von Worten und Kenntnissen ist eine Voraussetzung für eine echte Wahrnehmung dessen, was ist. ... Endloses Staunen ist endlose Spannung, eine Situation, in der wir über die Unangemessenheit unserer Ehrfurcht schockiert sind, wie auch über die Unangemessenheit unseres Schocks, und auch ein Zustand, in dem uns die letzte Frage gestellt wird.«

Schöpfungsspiritualität trägt dazu bei, die Menge an Ehrfurcht in der Welt zu vermehren. Wie kann sie das? Indem sie zur Kreativität ermutigt. Für keine Einzelperson oder Gesellschaft kann es eine volle geistige Reise ohne Kreativität geben. Wie wir in Kapitel 2 sahen, ist die Via Creativa das zentrale Moment der schöpfungsbezogenen Reise auf den vier Pfaden. »Wir alle sollen Mütter Gottes sein«, erklärt Eckhart. Wir alle sind hier, um einen einzigartigen Ausdruck des Kosmischen Christus zu gebären, des Gotteskindes in uns, in unserer Arbeit und unserer Kultur. Kreativität gibt Kraft, und es gibt gegen Passivität kein besseres Gegenmittel als den Gewinn von Kraft. Nicht nur die Schöpfung ist ehrfurchtgebietend, sondern auch was die Menschen mit ihrer Schöpfung machen: was Sängerinnen mit Stimme und Lied tun, was Tänzer mit dem Körper tun, was Rainer Maria Rilke oder Adrienne Rich oder andere Dichter und Dichterinnen mit Worten und Bildern tun, was Eltern bei der Geburt und Erziehung ihrer Kinder tun – jede Kunst verlangt Ehrfurcht. So sicher wir die Natur in jedem Baum und jedem Berg am Werke finden, so auch in jedem Künstler, jeder Künstlerin.

Die Werkzeuge der Schöpfungsspiritualität können uns helfen, auf allen gesellschaftlichen Ebenen Phantasie freizusetzen und diese Phantasie in Schulen und Familien, in Gefängnissen und Kirchen, in Krankenhäusern und Hospizen, in politischen Parteien und ökonomischen Entscheidungen in den Dienst des Feierns, des Heilens und Schaffens von Gerechtigkeit zu stellen. Die Fernseher würden ausgeschaltet und die Menschen angeschaltet. Straßen und Siedlungen würden voll Musik, Tanz und Lachen klingen. Gärten würden entstehen, in denen die Menschen ihre Nahrung anbauen lernten. Gute Arbeit gäbe es im Überfluß! Künstlerische Arbeit würde Menschen heilen, und die Kinder wären wieder froh, lebendig zu sein. Die Zahl der Gefängnisinsassen würde ab- statt zunehmen. Wo Freude herrscht – nach Thomas von Aquin »die edelste Handlung des Menschen« –, da gibt es keine Langeweile und keine Passivität. Verzweiflung und Depression schmelzen dahin und machen den Weg für Energie und Vitalität frei.

Vom Anspruch zur Dankbarkeit

Der Philosoph Josef Pieper bestimmt das Wesen des bürgerlichen Lebens als das »Für-selbstverständlich-Halten«. Wer in einem Haus mit fließendem Leitungswasser lebt, hält Wasser für selbstverständlich. Und wer immer Geld in der Tasche hat, hält seine nächste Mahlzeit für selbstverständlich. Unser Leben besteht aus der Annahme, die Erde würde uns ständig bedienen. Das ist ein falsches Denken. Brauchen wir denn Katastrophen, um uns die Wahrheit zu verdeutlichen, daß alles ein *Geschenk* ist? Ein Erdbeben vermag uns daran zu erinnern, daß nicht einmal die Festigkeit des Bodens unter unseren Füßen für selbstverständlich genommen werden kann. Der Tod erinnert uns daran, daß auch das Atmen nicht selbstverständlich ist. Und während die Wälder verschwinden und der Boden und das Wasser immer mehr vergiftet werden, lernen wir, auch Luft und Wasser nicht für selbstverständlich zu halten.

Einen Weg zu lernen, die Dinge nicht mehr für selbstverständlich zu halten, besteht im freiwilligen Verzicht. Am besten geschieht dies in einem ritualisierten Rahmen, in dem die Gemeinschaft versucht, ohne etwas auszukommen, und alle einander in dem schwierigen Prozeß des Loslassens und Verzichtens unterstützen. Versuchen Sie zum Beispiel einmal drei Tage lang ohne Wasser auszukommen, oder fünf Tage lang ohne Nahrung, oder zwei Wochen lang ohne Fleisch. Auf diesen Wegen lernen wir, die Dinge nicht nur hinzunehmen. Jede überentwickelte Person und Kultur sollte sich solchen Fastenzeiten unterziehen. Dadurch lernen wir die Grundlage der Dankbarkeit kennen, denn wir sind es ja nicht, die das Wasser, die Luft, den Boden oder Nahrung erschaffen haben, die wir für uns beanspruchen. Das Fasten ermöglicht es uns auch, uns wenigstens ein Stück weit mit den Millionen Armen der Welt zu identifizieren, die niemals eine Mahlzeit oder den Genuß guten Wassers für selbstverständlich halten werden.

Dankbarkeit verändert unser Leben. Sie erfüllt uns mit Kraft und Vitalität. Als ich zwölf Jahre alt war, hatte ich Kinderlähmung und konnte sechs Monate lang nicht gehen. Die Ärzte konnten mir nicht versprechen, daß ich jemals wieder laufen würde. Es stellte sich heraus, daß ich meine Beine zurückgewann. Aber ich habe dadurch eine Lehre erhalten, die ich nie vergaß: Nimm nichts für selbstverständlich! Ich hatte meine Beine einfach hingenommen, Beine, die arbeiten und laufen, die Ball spielen und mich genau dorthin bringen, wohin ich möchte. Als meine Beine zu mir zurückkamen, war ich dankbar – *nicht* die Dankbarkeit für das »Wunder« der Rettung meiner Beine, sondern dafür, *daß ich überhaupt Beine habe, die funktionieren*. Ich war voller Kraft und versprach mir, daß ich, so lange ich lebe, für meine Beine sorgen würde.

Von der Verschwendung zum Recycling

Die Verschwendung ist eine der überwältigendsten Sünden der »Ersten Welt«. Das Hauptprodukt unserer Zivilisation ist der Müll, und wir scheinen die einzige Spezies zu sein, die mehr verschwendet, als sie recycled. Oft genug geben wir dem Universum nicht einen Segen zurück, sondern giftige und nicht weiter verwendbare Stoffe. Die petrochemische Industrie war nicht nur die erste Industrie, die vor sechzig Jahren einen jungen deutschen Politiker namens Adolf Hitler unterstützte, sie hat auch das Plastik erfunden. Styropor scheint zwar ein einfacher und billiger Stoff zu sein, kann aber noch in fünfhundert Jahren nicht beseitigt werden. Unsere Städte werden von unseren eigenen Abfällen überflutet; und wir haben keine Möglichkeit, mit den radioaktiven Abfällen umzugehen, die bei militärischen und zivilen Kraftwerken entstehen. Das tödliche Plutonium »lebt« mindestens noch 100 000 Jahre weiter. Joanna Macy hat vorgeschlagen, daß wir den radioaktiven Müll nicht vergraben sollten, um ihn zu verleugnen und so das Leben kommender Generationen zu gefährden, sondern daß wir ihn sichtbar überirdisch lassen sollten und Klöster darum errichten, um uns alle an seine tödliche Gefahr und unsere Sterblichkeit zu erinnern. Diese »gehüteten Stätten« würden zu Pilgerorten für diejenigen, die den Planeten für ein heiliges Vermächtnis halten.

Wir verschwenden auch unsere Jugend und ihre Gaben. Wo die Hoffnung stirbt, da breitet sich die Verschwendung aus, ob in Form von Verbrechen oder Drogen, Alkohol oder Gefängnissen, Verzweiflung oder sexueller Abhängigkeit.

Wie kann eine Konsumgesellschaft aufhören zu verschwenden? Indem sie die Verbindung zur Mitte unseres Lebens wieder herstellt. Dächten wir zum Beispiel an unser Verhältnis zu kommenden Generationen, so würden wir aufhören, in Geschäften Plastiktüten zu verteilen. Kürzlich ging ich mit einer (extrovertierten) Freundin einkaufen. Der Kassierer fragte: »Papier- oder Plastiktüte?«

Laut antwortete sie: »Plastik? Aber das zerfällt doch in fünfhundert Jahren nicht!«

Etwas verlegen antwortete der Kassierer: »Unser Filialleiter weist uns an, das Plastik zu fördern, weil es billiger ist.«

Meine Bekannte wieder, in voller Lautstärke: »Billiger? Ja, für ihn vielleicht, aber nicht für unsere Urenkel.«

Darauf der Kassierer: »An unsere Urenkel denken wir wohl nicht besonders häufig.«

»Genau. Und das ist eines der Dinge, die in unserer Gesellschaft falsch laufen«, sagte meine Freundin.

Es wird Zeit, daß die Supermärkte und *alle* Geschäfte nicht nur danach kalkuliert werden, was für sie selbst billiger ist, sondern was für die Erde und ihre Kinder billiger sein wird. Wir alle zahlen für den Müll. Verstünden wir unser Verhältnis zum Boden und zum Wasser, zu unseren Urenkeln und uns selbst besser, so würden wir möglichst wenig verschwenden. Unsere Phantasie wäre frei für den großen geistigen Akt des Recycling, aus dem der dritte Pfad der schöpfungsspirituellen Reise besteht. Jede Kreativität ist ein Gegenmittel gegen Verschwendung, denn jede Kreativität ist Recycling. Fragen Sie einen Künstler.

Die größte aller Verschwendungen in unserer Kultur ist die Verschwendung unserer menschlichen Begabung für Einfallsreichtum, gute Arbeit, Heilen und Freude. Ist »Freude die edelste menschliche Handlung«, so verschleudern wir mit unserer Begabung, Freude zu bereiten, das edelste Potential unserer Spezies. In den überentwickelten Ländern wird die Freude in der Tat verschwendet. Überall, wo Menschen keine Arbeit haben, mit der sie ihren Adel ausdrücken können, wo sie obdachlos und hoffnungslos sind, wo ihre Talente unterentwickelt oder unbemerkt bleiben, herrscht Verschwendung.

Von der Müdigkeit zur Jugendlichkeit

Ich meine, daß die überentwickelten Staaten Zeichen extremer Erschöpfung zeigen, geistig, moralisch und strukturell. Unsere Städte scheinen durch die auf ihnen lastenden Probleme »erschöpft«. Auch unsere Kirchen sind oft Stätten der Müdigkeit, wo wir von den liturgischen Erfahrungen höchstens noch Trost erwarten können. Kürzlich nahm ich in Chicago an einer Messe für eine religiöse Gemeinschaft teil und fragte danach eine Bekannte, was sie von der Messe mitgenommen hätte. »Na ja, ich bin zum ersten Mal seit Jahren nicht ärgerlich weggegangen«, antwortete sie. Das ist wahrlich ein *minimalistischer* Zugang zum Kult! Wir können heute schon dankbar sein, wenn wir an einem Gottesdienst teilnehmen dürfen, der uns nicht ärgerlich macht! Ja, wir gehören einer müden Zivilisation an, die die Jugend nicht mehr begeistern kann, die keine Arbeit und wenig Bildung anzubieten hat, die den Jugendlichen helfen würden, Ehrfurcht vor ihrem Dasein zu empfinden. Eine müde Zivilisation wird zynisch und gewalttätig und bietet »Unterhaltung« an, um die Menschen von Depression und Verzweiflung abzulenken. »Brot und Spiele« ersetzen die Leidenschaft für Gerechtigkeit und Schönheit. Wie ich in *Vision vom Kosmischen Christus* schrieb, beherrscht ein negativer Senex-Archetyp unsere überentwickelte Welt, während unser Puer-Archetyp unterentwickelt bleibt und sadistisch behandelt wird.

Die Praxis der Schöpfungsspiritualität bringt den Puer, das mystische Kind, durch die Befreiung der Kreativität wieder ins Leben. Abraham J. Heschel schrieb in bezug auf die mystische Tradition im Judentum, den Chassidismus: »Gott ist nicht nur Schöpfer des Himmels und der Erde. Gott ist auch der Eine, der ›die Freude geschaffen hat‹ ... Selbst niederes Vergnügen hat seinen letzten Ursprung in der Heiligkeit. Das Feuer des Bösen kann mit den Flammen der Ekstase besser bekämpft werden als durch Fasten und Sinnesabtötung. ... [Durch den Chassidismus] wurde ein neues Verbot eingeführt: ›Du sollst nicht alt sein!‹«

Von der Selbstgefälligkeit zum Mitgefühl

Hat Abraham J. Heschel recht, so kann die Praxis der Schöpfungsspiritualität die »Erste Welt« von ihrer Selbstgefälligkeit befreien. Und wie selbstgefällig sind wir! Wie sehr ignorieren wir die Tatsache des Leidens überall um uns und *überall in uns.* Wie können wir so abstumpfen? So vergeßlich sein? So stark verdrängen? Und was können wir dagegen tun? Selbstgefälligkeit oder Selbstzufriedenheit in der Konsumgesellschaft haben meiner Ansicht nach nichts mit dem wahren »Selbst« zu tun, sondern mit dem falschen, mickrigen Selbst, das mehr als seinen Anteil vom Kuchen haben will, um sein Ego damit aufzublähen. Und zum Schutz dieses geklauten Kuchenstücks baut es zu astronomischen Kosten Armeen auf. Unser »Selbst« muß auf das wahre, das volle Selbst hin ausgeweitet werden. Eckhart spricht dabei vom »neuen« im Gegensatz zum »alten Selbst«. Das alte Selbst ist bei Eckhart das oberflächliche, äußerliche Selbst, aber das neue Selbst ist das tiefere, innerste, kosmische Selbst. Das wahre Selbst ist das *Selbst in Beziehung zu allen anderen.* Die »anderen« sind alle unsere Geschwistergeschöpfe. Nur in Beziehung zu anderen Selbsten sind wir Selbst.

Heute lehrt die Wissenschaft, worauf Schöpfungsmystikerinnen und -mystiker schon immer hingewiesen haben: die wechselseitige Abhängigkeit von allem. Der Geologe Thomas Berry beschuldigt unsere Zivilisation mit Recht des *Autismus:* der Beziehungskrankheit, die das äußerste an Selbstbezogenheit darstellt, den totalen Rückzug von allem, das nicht dem kleinen Selbst entspricht. Das ist der Preis, den die überentwickelte Welt für ihre Flucht in den Anthropozentrismus zahlt. Das Leiden oder die Rechte anderer Kreaturen gehen nie in unsere Profitrechnungen ein. Zur Selbstgefälligkeit gehört immer auch die *Verdrängung.* Anne Wilson Schaef sagt, das Gegenteil der Verdrängung sei, »zu sehen, was man sieht, und zu wissen, was man weiß«. In der Praxis der Schöpfungsspiritualität können wir die Verdrängung überwinden, indem wir uns auf Gebetsformen einlassen, die uns dazu bringen, auf die Wahrheit und auf unsere Bilder zu hören und dadurch zu sehen, was wir sehen, und zu wissen, was wir wissen. Eckhart sagte, Gott sei die Leugnung der Verleugnung, die Negation der Negation. Was für eine gute Botschaft ist das, daß wir die Verleugnung leugnen und die Negation negieren können und daß wir dabei Gott befreien, der in diesem Prozeß erst wesentlich wird! Was bedeutet es, wenn wir sagen, daß Gott wesentlich wird? Es heißt, daß das Mitgefühl wesentlich wird. »Der beste Name für Gott ist Mitgefühl«, lehrt Meister Eckhart.

Theorie und Praxis der Schöpfungsspiritualität können uns helfen, uns von der falschen Selbstzufriedenheit und dem Autismus des kleinen Selbst fortzubewegen, um für das Mitgefühl zu wirken, das es eines Tages allen Menschen und Geschöpfen gestatten wird, am Festmahl des Lebens gemeinsam teilzuhaben. Das Mitgefühl, verstanden als das Leben unserer wechselseitigen Abhängigkeit im Feiern und im Schaffen von Gerechtigkeit, ist das Ziel der schöpfungsorientierten spirituellen Reise. Die Schöpfungsspiritualität befreit uns *von* unserer Selbstgefälligkeit *zu* unserem Potential als Repräsentanten des göttlichen Mitgefühls. Ich habe immer wieder festgestellt, wie selten sich im Leben der Selbstgefälligen Mitgefühl findet. Mitgefühl ist wie ein *Feuer* – Thomas von Aquin sagt, daß Mitgefühl das Feuer sei, das Jesus auf der Erde entzünden wollte –: es stört, es überrascht, es entzündet, es brennt, es glüht, und es wärmt. Mitgefühl verbrennt die Verdrängung, die Leugnung. Es wärmt und schmilzt besonders kalte Herzen, kalte Strukturen, gefrorene Geister und selbstgefällige Lebensweisen. Wer vom Mitgefühl angerührt wird, dessen Leben wird auf den Kopf gestellt. Und das ist nicht unbedingt etwas Schlechtes.

Von der Kunst um der Kunst willen zur Kunst um der Erde willen

Die Säkularisierung und Kommerzialisierung der Kunst in den überentwickelten Kulturen hat die künstlerische Berufung oft auf das Management unnötiger Waren einerseits und die Trivialisierung in eigennütziger Selbstbezogenheit andererseits reduziert. Nichts im Universum ist um seiner selbst willen da. Mitgefühl bedeutet, daß wir alle in irgendeiner Weise miteinander verbunden und verwandt sind. Der Künstler findet seine Erfüllung darin, besonderer Mittler des Feierns und des Schaffens von Gerechtigkeit zu sein, des Heilens und Benennens der Ehrfurcht. Kunst ist die billigste, fröhlichste und tiefste Form der Heilung, die der Menschheit zur Verfügung steht. Am *Institute for Culture and Creation Spirituality* bieten wir einen Kurs »Kunst als Heilung« an. Alle Menschen, ganz gleich, wie tief sie verwundet sind, können mit Hilfe der Kunst lernen, neu zu sehen. Alte Menschen werden wieder lebendig und geben ihre Geschichten an andere Generationen weiter, wenn sie dazu von Künstler-Heilerinnen aufgefordert werden. Gefangene entdecken durch Kunst ihre Geschichte und ihre Kraft, sich auszudrücken. Das gilt auch für Sterbende in Hospizen und gelangweilte Menschen in Ghettos oder Menschen, die mit AIDS leben. Dichterinnen können Teenagern helfen, ihre Träume zu erforschen, die sie zu großen Dingen auffordern. Die Töpferin und Dichterin M. C. Richards warnt vor den Künstlern, die bereit sind, »Poesie gegen Macht« einzutauschen. Künstler bleiben auf dem Weg der Kunst. Das ist ihre Gabe an die Gemeinschaft. Durch ihren geistigen Einsatz wird die Gesellschaft aufgeweckt und geheilt, von der Selbstgefälligkeit zu einem Zustrom echter Kraft gebracht. »Kunst dient«, erklärt M. C. Richards. Kunst dient der Erde, sie dient allen Geschöpfen, sie dient dem Universum.

Die Schöpfungsspiritualität betont und feiert den künstlerischen Weg. Sie ruft die Künstlerinnen und Künstler in unserer Mitte auf, den Kräften des Mitgefühls zu dienen.

Sie befreit die Künstler und verbindet sie mit der gesamten Gemeinschaft der Heiligen, mit all jenen Künstlern und Künstlerinnen, die uns in dem Bemühen, die Schönheit und das Leid des Lebens auf diesem Planeten zu benennen, vorangegangen sind.

Echte Kunst hat immer etwas zu sagen, das die Gemeinschaft heilt und die Verdrängung innerhalb der Gemeinschaft aufhebt. Darum ist jeder echte Künstler ein Prophet und jede Prophetin eine Künstlerin. Zu leicht kann die Religion ins Moralisieren verfallen und ständig beurteilen, was richtig und was falsch sei, statt zu schauen, wahrzunehmen, »dabeizusein«. Das sind die Gaben der Künstlerinnen und Künstler. Jesus war Künstler, Geschichtenerzähler und Erfinder von Gleichnissen par excellence. Er konnte schauen, das heißt das Dasein achten, konnte sehen und dabeisein. Deshalb freundete er sich mit notorischen Sündern an und machte sich unter den gesellschaftlich Rechtschaffenen und Mächtigen Feinde.

Die Schöpfungsspiritualität schließt Freundschaft mit den Künstlern, weil sie daran festhält, daß in jedem Menschen – im göttlichen Kern, im göttlichen Inbild jeder Person – eine Künstlerin, ein Künstler wartet. Die Menschen sind zum Mitschaffen aufgerufen, denn »nur der Mensch schafft wie Gott«, sagt Eckhart. Hildegard von Bingen lehrt, daß jeder Mensch, der gute Werke tut, »ein blühender Garten« sei. Das erinnert an den Spruch Jesu im Johannesevangelium, daß »ihr Frucht bringt und eure Frucht bleibe« (15,16). Die Schöpfungsspiritualität theoretisiert nicht nur darüber, daß wir Mitschöpferinnen und Mitkünstler mit Gott sind. Sie besteht darauf, daß wir uns auf die meditative Kunst einlassen, die die Hauptgebetsform für gesunde Erwachsene ist. Sie bildet den Hauptweg zur Reinigung und zum Erwachen, zum neuen Wahrnehmen und Ganzwerden. Sich zu sammeln mit Hilfe von Ton, Tanz, Ritual, Malen, Massage, Musik, T'ai Chi, Aikido, Singen, Schreiben oder Dichten ist eine tiefgehende Form des Betens. Indem wir schöpferisch sind, nehmen wir die neunzehn-Milliarden-jährige Geschichte des Segens in uns auf, die uns das

Universum schenkt, und geben sie in neuen Formen wieder von uns, in Formen, die unsere einzigartige Phantasie und Zeit durchlaufen haben, unsere einzigartigen Hände und Köpfe, Herzen und Stimmen. Wie Eckhart sagt, kann die Wahrheit nicht von außen in uns hineinkommen. Sie muß von innen hinausgehen und dabei zunächst eine innere Gestalt gewinnen. Alle Künstler wissen das, und alle Menschen sollten es lernen.

Von fundamentalistischer Angst zum Vertrauen in den Kosmos

Ist die Angst nicht das größte Problem in der heutigen Welt? Ist es nicht die Angst, die die Staaten dazu bringt, blasphemisch hohe Summen für Waffen auszugeben, während es noch Menschen gibt, die kein Dach über dem Kopf haben, nichts zu essen, keine Medizin und keine Ausbildung? Ist es nicht die Angst, die eine religiöse Sekte von der anderen trennt und eine Rasse von der nächsten? In allen Spielarten – ob christlich (katholisch wie protestantisch), islamisch oder jüdisch – gründet der Fundamentalismus auf Angst: Angst vor dem Universum, Angst vor der Wissenschaft, Angst vor dem Verlust des Selbst, Angst vor dem Nichts. Thomas von Aquin aber stellt fest: »Alle Angst stammt von der Liebe.« Wenn wir an die Angst herankommen, finden wir, was wir wirklich lieben. Was lieben die Fundamentalisten so sehr? Ist es die Macht, die manche Individuen so schätzen? Oder die Privilegien? Ist es ihr eigener Schmerz, der an die Oberfläche käme, wenn ihr Leid nicht verdrängt würde? Ist es ein ganzes System, das sie nicht loslassen wollen, weil sie eine neue Sicht der Welt fürchten, eine andere Machtverteilung? Ist es das verwundete Kind in ihnen, das vernachlässigt worden ist?

Beim Meditieren über die Weihnachtsgeschichte ist mir deutlich geworden, daß Jesus die Menschen hauptsächlich *von Angst* befreit hat. Die kosmischen Boten oder Engel sagen zu Maria und den Hirten zuallererst: »Fürchte dich nicht!« In den biblischen Schriften kommt das Wort »Angst«

365mal vor – für jeden Tag des Jahres eine Erinnerung daran, über die Angst hinaus zu gehen. Auch die messianischen Texte bei Jesaja sprechen ausführlich über die Überwindung der Angst. Und Jesus lehrte: »Liebet eure Feinde« (Mt. 5,44). – Unser Feind ist immer gerade das, was uns Angst macht. Der Johannesbrief stellt dazu einfach fest: »Liebe vertreibt die Angst« (1. Joh. 4,18). Vertrauen auf uns selbst, auf die Phantasie, auf andere, auf die ganze Schöpfung – das ist die Hauptberufung des Glaubens, in den Evangelien und in unserer Zeit. Ein Mensch des Glaubens zu sein heißt, ein Mensch des Vertrauens zu sein. Aus dem Vertrauen entsteht Kraft. »Hab keine Angst, meine Tochter, dein *Vertrauen* hat dir geholfen«, sagt Jesus (Mt. 9,22). Thomas von Aquin lehrte, daß Angst eine Sünde sei, und gemäß Abraham J. Heschel war es das Werk der Propheten, »die Angst auszutreiben«. Sind jene, die Jesu Fußstapfen zu folgen behaupten, damit beschäftigt, Angst zu vertreiben? Eine gesunde Spiritualität bringt die Menschen über die Angst hinaus zum Mut. Keine auf Angst basierende Religion kann in Anspruch nehmen, Jesus zu folgen.

Vor ein paar Jahren ist mir deutlich geworden, daß nach der indianischen Weisheit der einzige Weg, auf dem das Böse in das menschliche Herz eindringen kann, das Tor der *Angst* ist. Gebet ist entscheidend wichtig, um das Herz zu stärken, so daß keine Angst eindringen kann. Wo Einzelpersonen oder Institutionen nicht aus einem gesammelten Herzen, sondern aus Angst handeln, folgt das Böse schnell.

Mit der Angst gehen Sektierertum und Provinzialismus einher. Der Fundamentalismus sieht die Welt eingeteilt in »uns, die Geretteten« und »die anderen«. Unter diesen anderen finden sich nicht nur alle Nicht-Christen, sondern auch alle Christen anderer Sekten. Angst schnürt uns körperlich und geistig ein, sie macht die Seele klein und defensiv. Im Unterschied dazu spricht die Schöpfungsspiritualität von einer *Tiefenökumene,* von einem Zusammenkommen der mystischen Überlieferungen *aller* Weltreligionen. In früheren Zeiten war ein solches Zusammenkommen vielleicht deshalb schwer möglich, weil die verschiedenen Kulturen und Religionen der Welt nicht eng genug beieinander lebten. Außerdem war unser Geschichtsbewußtsein verzerrt, und uns wurden die gewaltigen Errungenschaften jener alten Glaubensformen nicht bewußt, die die abendländischen Christen einfach als »Heidentum« abtaten.

Heute müssen Christen und andere die »Paganophobie«, die »Heidenangst«, dringend überwinden. Das lateinische Wort *paganus* bezeichnete einfach Menschen, die auf dem Lande lebten, unser Wort *Heide* meint entsprechend im Grunde nur die Bewohner der entlegenen Heidegebiete. Warum gibt es solche Vorbehalte gegen Landbewohner? Ist es nicht eine Folge der Unterdrückung unserer Erdverbundenheit, die als Verachtung ländlicher Menschen, Bauern und anderer projiziert wurde, die der Erde nahe leben? Unsere übermäßig verstädterte Theologie verfällt leicht in eine »Paganophobie«, wenn ihr eine mystische Verbindung zur Erde fehlt. Gerade heute, da sich die Erde durch Verwüstungen seitens der westlichen Wissenschaft, Technik und Religion in derartiger Gefahr befindet, ist es besonders wichtig, die Weisheit der alten mystischen Praktiken zu suchen. Diese waren abgestimmt auf den Kosmos, voller Liebe zur Erde, die ein Gelehrter einmal »die ursprüngliche Mutterliebe« nannte. Indem die Schöpfungsspiritualität zur Entwicklung des Mystischen in jedem Menschen beiträgt, hilft sie nicht bei der Abschottung, sondern bei der Öffnung des religiösen Geistes. Die schöpfungsbezogene Spiritualität bringt die Universalität, die unserer zusammenrückenden globalen Zivilisation angemessen ist.

Die Praxis der Schöpfungsspiritualität kann uns von Angst und Fundamentalismus befreien, weil sie uns das Loslassen, die Gelassenheit lehrt. Sie zeigt uns Wege, das Vertrauen ins Universum wieder zu lernen, indem wir mit der modernen Wissenschaft zusammenarbeiten, statt gegen sie. Die Kosmologie lehrt uns, daß echte Furcht sehr eng mit der Ehrfurcht zusammenhängt, über die wir schon gesprochen haben. Die »Gottesfurcht«, von der der Psalmist spricht, ist die Ehrfurcht, die wir davor empfinden, in dieser Welt zu leben. »Gott« ist schließlich der/diejenige, der/die dieses Universum hervorbringt.

Alle sonstigen Ängste sollten durch das Gebet vertrieben werden, durch den Akt der Erweiterung unseres Herzens. Wir bauen Mut auf, das Gegenmittel zur Angst. Treten die bösen Geister durch die Angst in das menschliche Herz ein, wie die Naturvölker lehren, so bedeutet Beten, daß wir den Kräften der Angst gegenüber stark werden. Die Schöpfungsspiritualität zeigt uns, wie wir unsere Kreativität zum Gebet entwickeln können. Mit Hilfe der Kreativität werden wir von den großen Geistern unserer Welt genährt, und wir können in den Geist der Kunst eintreten, der uns allen gehört. Wenn wir schöpferisch sind, ringen wir mit den bösen Geistern der Angst und des Kleinmuts, der Trägheit und Faulheit. Diese Gebete treiben die Legionen der Angst aus, die unsere Herzen vergiften und unsere Gesellschaftssysteme in institutionalisierte Ängste einsperren. Auf diese Weise können wir uns den Archetypus des geistigen Kriegers aus dem Pentagon zurückholen.

In der Schöpfungsspiritualität lassen wir ab von der Vergötzung der nationalstaatlichen Ideologien, weil wir unser Leben und unsere Prioritäten wieder in den Rahmen der Schöpfung stellen. Kein Staat kann den Fluß des Wassers, die Reinheit der Luft, die Gesundheit der Meere oder der Regenwälder hervorbringen, nicht einmal mehr sie bewahren. Die Segnungen der Schöpfung verlangen von allen Bewohnern der Erde Veantwortung. Vor den wirklichen Kämpfen unserer Zeit verblassen die Ängste, die die Nationalstaaten in ideologischer Rivalität voneinander isolieren. Es geht nicht mehr um nationale Vorrechte, sondern um die Versuchung unserer Spezies, alle anderen Arten Lebewesen und die Erde selbst zu vernichten. Der Anthropozentrismus langweilt uns. Deshalb müssen in Kinofilmen ständig Menschen und Orte in die Luft gesprengt werden, um die Zuschauer zu unterhalten. Gewalt ist das Ergebnis einer gelangweilten Kultur.

Thomas von Aquin warnt uns vor der »Sünde der Angst« und sagt, daß »jene, die in großer Angst sind, derart mit ihren eigenen Gefühlen beschäftigt sind, daß sie nicht mehr auf das Leiden anderer achten«. Das erklärt, warum die Fragen des Unrechts und der Gerechtigkeit in fundamentalistischen Religionen selten angesprochen werden. Wenn man so sehr von Angst eingeengt ist, sieht man Unrecht und Gerechtigkeit nicht mehr. Der Fundamentalismus kritisiert das Unrecht nicht; die Kategorien »Gerechtigkeit« und »Unrecht« habe ich im Vokabular fundamentalistischer Prediger nicht gefunden. Doch lehrt uns die Schrift, daß lieben bedeutet, gerecht zu sein; und Eckhart sagt: »Mitgefühl bedeutet Gerechtigkeit«, und: »Wer verstanden hat, was ich über die Gerechtigkeit zu sagen habe, hat alles verstanden, was ich zu sagen habe.«

Von einer Philosophie des »ich denke, also bin ich« zu einer Philosophie des »die Schöpfung bringt hervor, also sind wir«

Drei Jahrhunderte lang ist die Bildung und das Denken der »Ersten Welt« von René Descartes beeinflußt worden, einem französischen Philosophen, der von 1596–1650 lebte. Die Schöpfungsspiritualität nimmt gegenüber fast allen seinen Grundprinzipien eine gegenteilige Position ein. Descartes nimmt als Grundlage seiner Philosophie die Feststellung: »Ich denke, also bin ich.« Darauf antwortet die Schöpfungsspiritualität: »Nein! Das ist ein furchtbar egozentrischer und überheblicher Ausgangspunkt für die Erziehung und die Gesellschaft.« Vielmehr sollten wir sagen: »Die Erde existiert, also sind wir.« Oder: »Die Schöpfung bringt hervor, also sind wir.« Beachten Sie, daß die Schöpfungsspiritualität von Menschen in der Mehrzahl spricht – *wir* sind eine Spezies, eine Rasse, eine Gemeinschaft. Nehmen wir das »Ich« als Ausgangspunkt unserer Philosophie, so besteht die Gefahr, daß das »Ich« auch der Endpunkt sein wird. Diese Tatsache wird in der modernen Zivilisation auf beklemmende Weise sichtbar. Beachten Sie auch, daß die Welt *nicht* mit dem Menschen beginnt, sondern mit der Schöpfung, die uns geboren hat. Weiterhin beginnt die Welt nicht mit dem *Denken*, sondern mit dem Gebären, mit Kunst und Kreativität.

Ein zweites Prinzip Descartes ist die Trennung von Geist und Körper, Geist und Materie. Wie der zwölfhundert Jahre früher lebende Augustinus, dem er philosophisch viel verdankt, war Descartes ein Dualist. Er sah Materie und Geist als antagonistisch und unversöhnlich an. Augustinus sagte: »Die Seele liegt mit dem Körper im Krieg«, wogegen Meister Eckhart als Vertreter der schöpfungsbezogenen Überlieferung sagte: »Die Seele liebt den Körper.« In der Schöpfungstradition ist die Materie kein Feind des Geistes, sondern seine Heimat, ein Ort der geistigen Kraft, der Magie und der Vitalität. In dieser Überlieferung findet der Geist seine Heimat in der Materie und in der Seele, wie auch in sich selbst. Descartes schreibt über die Kontrolle der Natur. Er lehrt, daß Tiere Maschinen seien und keine Seelen hätten, kein Bewußtsein. Man könne ein Tier nicht »verletzen«, so äußerte er, sondern nur »kaputtmachen«. Im Gegensatz dazu lehrt die Schöpfungsspiritualität, daß die Menschheit alle Wesen zu *achten* habe, da sie Beispiele des göttlichen Seins sind. Wir dürfen die Natur nutzen, sofern wir dies respektvoll und mit Achtung tun. Wenn wir die Natur beherrschen wollen, zerstören wir sie.

Ein weiterer Lehrsatz Descartes ist, daß die Wahrheit hauptsächlich in »klaren und distinkten Ideen« bestehe. Eine solche Definition macht die Wahrheit zu einer Abstraktion und trennt sie von der Intuition, vom Mitgefühl und vom Gefühl überhaupt. Sie bringt eine ganze Zivilisation dazu, nur noch vom Hals aufwärts zu leben, als hätten der Körper, das Herz, das Gefühl, die Entrüstung und die Kunst uns nichts zu lehren. Descartes' Philosophie enthält auch keine Abhandlung über die Kunst. *Die Schönheit wird als »philosophische und moralische Kategorie« aus der Suche nach Wahrheit verbannt.*

Im Gegensatz dazu feiert die Schöpfungsspiritualität den ganzen Menschen, die rechte und linke Hirnhälfte, Körper und Vernunft, Seele und Geist (die in einer nichtdualistischen Philosophie nicht dasselbe sind), Gefühl und Urteilskraft. Nicht nur finden Leidenschaft und Mitgefühl darin ihren Platz, das Mitgefühl ist sogar der Gipfel ihrer geistigen Reise. Schönheit ist der Schöpfungsspiritualität nicht nur wichtig, vielmehr sind die Künstlerinnen und Künstler, die uns die Schönheit zeigen, unsere Erzieher par excellence, denn sie verfügen über die Fähigkeit, die göttliche Schönheit, den Kosmischen Christus aus uns allen hervorzulocken. Kunst ist das *Herz* der geistigen Reise, die Via Creativa ist die Spitze der vier Pfade. Descartes erklärte, daß seine Philosophie die Menschen zu Meistern und Besitzern der Natur machen werde. Mit dieser Prophezeiung behielt er recht – bis zu einem gewissen Punkt. Die schöpfungsbezogene Überlieferung schlägt eine gänzlich andere Beziehung zur Natur vor als das Beherrschen und das Besitzen: eine Beziehung der wechselseitigen Abhängigkeit, des Vertrauens und der Achtung.

Da der Einfluß Descartes in der westlichen Erziehung und Wissenschaft derart groß war, führt ein bewußtes Hinausgehen über sein Denken zu einem Paradigmenwechsel im Westen – in den akademischen Wissenschaften, der Bildung und im Selbstverständnis. Bewußt und absichtlich setzt sich die Schöpfungsspiritualität für einen solchen Paradigmenwechsel ein. Sie versucht, viele der Lehrsätze aus jüngster Vergangenheit hinter sich zu lassen und auf viel ältere Anschauungen zurückzukommen. Man könnte diesen Paradigmenwechsel bezeichnen als den Wechsel von »Ich denke, also bin ich« zu: »Die Schöpfung bringt hervor, also sind wir«.

Vom Theismus zum mystischen Panentheismus

Die Gottesbilder, die wir mit uns herumtragen, sind eine wesentliche Quelle der Angst in uns und in unseren Institutionen. Der Theismus lehrt, daß Gott außerhalb von uns sei, gewöhnlich »da oben«. Dieses Bild verstärkt die Vorstellung, Gott sei mit den Mächtigen. Der Theismus vermittelt eine Gnadentheologie des »Herabtröpfelns«.

Der Panentheismus hingegen lehrt, daß Gott in allem ist

und alles in Gott. Gott wirkt also von der Basis her, von unten nach oben, von innen nach außen. Der Geist kommt aus dem Innern der Dinge und Wesen. Dieser Haltung entsprechen Gruppenerfahrungen, in denen sich alle als Gleiche innerhalb eines Kreises behandeln und eine gemeinsame Geschichte des Leidens und der Gnade miteinander teilen. Aus diesem Grundverständnis, in dem Weisheit und Göttlichkeit gefunden werden können, arbeiten viele Gruppen: etwa die Anonymen Alkoholiker (AA) oder Basisgemeinden, in denen Bauern ihre Einsichten über das Evangelium miteinander teilen, oder Versammlungen der »Dignity«, bei denen homosexuelle Menschen sich ihre Geschichten der Gnade und der Befreiung erzählen. Ein Vorbild dieser Art Beziehung zu Gott gibt Jesus, wenn er lehrt, das »Reich Gottes« sei mitten unter uns. Seine Predigt zu den Armen erkannte an, daß Gott wirklich »mit ihnen« war – eine Preisung des Panentheismus gegenüber einem hierarchischen Theismus (Immanuel bedeutet: »Gott-mit-uns«).

Indem wir betonen, daß Gottes Geist in uns allen wohnt, befreit die Schöpfungstheologie das Mystische in uns. Der Panentheismus ist nicht nur demokratisch, sondern auch ökologisch. Der Theismus hingegen verstärkt den Anthropozentrismus, weil er den Menschen oben auf die Leiter setzt und ihm eine exklusive Beziehung zu Gott zuspricht. Der Panentheismus preist das göttliche Angesicht oder den Kosmischen Christus, wie sie sich in jedem Geschöpf zu erkennen geben. Er läßt unsere Beziehungen zu allen Wesen als gegenseitige erscheinen und erinnert uns daran, daß wir alle schön sind, alle voneinander abhängig und alle notwendig in dem einzigartigen Gewebe des Lebens.

Von einer überinstitutionalisierten Religion zu einer lebendigen Mystik

In der überentwickelten Welt bedarf auch die Religion der Befreiung. Die Schöpfungsspiritualität führt die Religion zu sich selbst, weil sie das Mystische so weit befreit, daß aus diesem Erwachen das Prophetische hervorgehen muß.

Wirkliche Spiritualität führt zu einem Mitteilen der Früchte unserer Kontemplation, wie man im Mittelalter zu sagen pflegte. Der wahrhaft schöpferische Geist, der künstlerische Geist der Religion, wird in der Praxis der schöpfungsbezogenen Spiritualität lebendig. Wenn das Spielen in die Religion zurückkehrt, kehren alle Arten der Kraft und der Heilung zurück. Das chronische Fehlverhalten der Institutionalisierung kann als solches erkannt werden. Die Verdrängung wird aufgehoben.

Die Schöpfungsspiritualität befreit die Religion, indem sie die echte Gemeinschaft der Heiligen wieder erweckt. Und indem sie die tiefe Weisheit der Naturvölker anerkennt, deren Kosmologie immer schöpfungsbezogen ist, befreit sie die Religion von ihrem Rassismus und Kolonialismus. Die vier Pfade der Schöpfungsspiritualität sorgen für eine praktische Hermeneutik, um unser eigenes reiches Erbe wieder zu entdecken und um Verbindungen zu dem reichen mystischen Erbe anderer Traditionen herzustellen. Unsere eigenen abendländischen Schriften zum Beispiel werden wieder lebendig. Die Themen einer Theologie des Kosmischen Christus tauchen in den Prologen aller vier Evangelien, in den Ostererzählungen, dem Pfingstbericht und im Buch der Offenbarung auf. Dies alles erkennen wir im Licht einer neuen kosmologischen Sichtweise mit Staunen und Überraschung (In *Vision vom Kosmischen Christus* habe ich ausführlich darüber geschrieben.) Wie ich schon zeigte, erscheinen auch die Seligpreisungen Jesu in der Bergpredigt im Licht der vier Pfade der Schöpfungsspiritualität in neuer Perspektive. Christus wird, wie wir zuvor sahen, als die Sophia (Weisheit) verstanden.

Abgesehen davon, daß unsere Art, die Schrift zu lesen, befreit werden kann, befreit die Perspektive der Schöpfungsspiritualität auch unsere religiösen Traditionen, indem sie sie zu größerer Echtheit anspornt. Sie befreit den Protestantismus im allgemeinen von der Wortbezogenheit und Verkopftheit, in der das »Wort Gottes« allein mit den Wörtern in einem Buch identifiziert wird. Eckhart sagte, und die radikalen Reformatoren wiederholten dieses Thema oft, daß »jedes Geschöpf ein Wort Gottes und ein Buch über Gott ist«. Sie kann den Protestantismus auch von seiner sehr patriarchalen Ader befreien, von seinen antimystischen Vorbehalten und seiner akosmischen Weltsicht. Diese Befreiung kann Protestanten dabei helfen, den prophetischen Geist zurückzuerlangen, der dem Charisma seiner Gründer entspricht.

Den römischen Katholizismus kann die Schöpfungsspiritualität von seinen Flirts mit dem Faschismus dieses Jahrhunderts befreien, denn sie hebt hervor, daß nicht jeder Mystizismus echte Mystik ist, sondern nur diejenige, die den Test der Gerechtigkeit besteht. Sie befreit den Katholizismus von seiner Frauenfeindlichkeit und seiner ungesunden Sexualfixierung. Indem die Sexualiät wieder in den biblischen Rahmen der Mystik und der Kosmologie gestellt wird, kann der Katholizismus sich auf wichtigere Beiträge besinnen, die er zum Überleben des Planeten zu leisten hat. Dazu würde eine praktische und theoretische Anerkennung des Wertes verschiedener Lebensstile gehören. Die Schöpfungsspiritualität hilft, sich von der Homophobie zu befreien und die Verschiedenheit zu preisen. Die Kritik seitens der Schöpfungsspiritualität kann im Katholizismus dazu beitragen, eine übermäßig verbale liturgische Praxis, wie sie seit dem II. Vatikanum vorherrscht, zu korrigieren und den Kult in einen stärker kosmologischen, körperlichen und mystischen Zusammenhang zu bringen. Die Rückkehr des Mysteriums in den abendländischen Gottesdienst wäre ein willkommener Weg, die Phantasie und das praktische Mitgefühl wiederzubeleben.

Die Schöpfungsspiritualität stellt dem römischen Katholizismus auch die Frage, ob er nicht durch Annehmen einer mehr schöpfungsbezogenen Perspektive im wirklichen Sinne des Wortes katholischer würde – universeller und respektvoller gegenüber den verschiedenen kulturellen Ausdrucksformen des Katholizismus. Auf diese Weise würde die kirchliche Tradition besser dem Nicäischen Glaubensbekenntnis entsprechen, das von einem »katholischen« und nicht von einem »römischen« Glauben spricht.

Vom Sexismus zur Gerechtigkeit für beide Geschlechter

Die Unterdrückung der Frauen wird seitens der Religion oft durch eine Art göttliche Sanktionierung legitimiert. Die Schöpfungsspiritualität hingegen feiert die Weisheit und Erfahrung der Frauen. Sie nimmt zum Beispiel die tief kosmologischen und feministischen Texte der Schrift ernst, die als »Weisheits«literatur bekannt sind. Diese Texte kommen aus Nordafrika, wo vor der Bildung des israelischen Volkes eine Muttergöttin verehrt wurde. Hören wir solche Texte und achten wir darauf, wie sie unser Herz bewegen:

Ich ward vor aller Zeit gebildet,
    von Anbeginn, vor den Uranfängen der Erde.
Ward hervorgebracht, als die Urfluten noch nicht waren,
    noch nicht die wasserreichen Quellen.
Bevor die Berge gegründet waren,
    vor den Hügeln ward ich hervorgebracht.
Sprüche 8, 23–25

Ich ging aus dem Mund des Höchsten hervor,
    und wie Nebel umhüllte ich die Erde.
Ich wohnte in den Höhen,
    auf einer Wolkensäule stand mein Thron.
Den Kreis des Himmels habe ich umschritten, ich allein,
    und in den Tiefen des Abgrundes bin ich gewandelt.
In den Fluten des Meeres und auf der ganzen Erde,
    in jedem Volk und jeder Nation besaß ich Herrschaft.
Kommt her zu mir, die ihr mein begehrt,
und an meinen Früchten sättigt euch.
Wer mich genießt, den hungert nach mehr,
    wer mich trinkt, den dürstet nach mehr.
Jesus Sirach 24, 3–6.19.21

Wer könnte diese Texte lesen, ohne davon berührt zu werden? Sie berühren uns unter anderem deshalb so sehr, weil sie so kosmologisch sind.

Die Schöpfungsspiritualität begrüßt die Tatsache, daß Jesus und bestimmte einzelne Männer in der Geschichte auch »feministisch« in dem Sinne gewesen sind, daß sie das

Unrecht wahrnahmen, das Frauen angetan wurde, nur weil sie Frauen waren. Die theoretische und praktische Erfahrung von Frauen wird in der Schöpfungsspiritualität hoch angesehen. Zum Beispiel sind durch die schöpfungsbezogene Bewegung die großen Werke der abendländischen Mystikerinnen erstmals in englischer Sprache verfügbar geworden. Denken wir nur daran, wie Hildegard von Bingen durch männlich beherrschte Theologenschulen achthundert Jahre lang fast unbeachtet blieb; sie schrieb im zwölften Jahrhundert Bücher über Naturwissenschaften, Kosmologie, ganzheitliche Medizin, die Bibel und Geschichte, malte neununddreißig Bilder und komponierte zweiundsiebzig Lieder und eine Oper. Die Schöpfungsspiritualität macht aufmerksam auf die Sünde des Sexismus, weil sie weiß, daß unsere Kultur nicht ohne den Beitrag derjenigen Hälfte der Menschheit erlöst werden kann, die am meisten leiden mußte.

Die Pädagogik der Schöpfungsspiritualität ist ausgesprochen feministisch, indem sie Prozesse, Erfahrungen und den Körper mit Ideen verbindet. Sie feiert das Schöpferische und Mütterliche in allen Menschen. So wird die Sünde des Sexismus an der Wurzel angegangen. Denn der Sexismus ist deshalb so heimtückisch, weil er im Inneren unseres Wesens, in unserer Phantasie und unseren Institutionen lauert.

Die Schöpfungsspiritualität erkennt die Notwendigkeit einer Befreiung für Männer, einer Befreiung von ihren maskulinen Stereotypen. Je mehr männliche Befreiungsgruppen ich erlebe, um so stärker habe ich den Eindruck, daß Männer, die nach echter Befreiung suchen, nach Wegen zur Wiederentdeckung der Mystik fragen. Die sexistischen und patriarchalen Systeme der Bildung, des Militärs, der Politik, der Wirtschaft und der Religion haben die Männer ihres Rechts auf mystische Erfahrungen beraubt. Die Schöpfungsspiritualität kann Männern helfen, ihr mystisches Bewußtsein zu wecken, den verwundeten Jungen in sich loszulassen, der einmal ein Mystiker war und in der Welt spielte. Sie müssen ihrem verwundeten männlichen

Herzen gestatten zu trauern, und sich über die Lüge hinwegsetzen, daß »große Jungs nicht weinen«.

Die Schöpfungsspiritualität hilft Männern auch, ihre Mystik wiederzufinden, indem sie die männlichen Mystiker der abendländischen Tradition ehrt, die auch Propheten waren: Jesus oder Jesaja, Eckhart oder Thomas von Aquin, Dante oder Franz von Assisi, Martin Luther King oder Pablo Casals.

Letztlich sind die Frauen in ihrer Befreiung eigenständig, aber kulturell gesehen können die Frauen nicht ganz befreit sein, wenn sich nicht auch die Männer aus ihrer Sklaverei im Patriarchat befreien. Ein Teil der männlichen Befreiung besteht in der Auseinandersetzung mit der Homophobie, der irrationalen Angst vor Homosexualität, die letztlich von der Angst vor der homosexuellen Dimension *in uns* stammt. Die Schöpfungsspiritualität kritisiert die Sünde der Homophobie und läßt, indem sie die Verschiedenheit innerhalb der Schöpfung begrüßt, die Homosexuellen homosexuell sein. Dadurch werden auch die Heterosexuellen befreit, sich ohne Projektionen oder Vorurteile gegenüber Menschen mit anderer sexueller Vorliebe mit ihrer eigenen Sexualität wohl zu fühlen. Gerechtigkeit kann nicht vor der Tür der sexuellen Diskriminierung haltmachen.

Von Arbeitslosigkeit zu guter Arbeit

Arbeitslosigkeit ist eines der großen Übel im menschlichen Leben, denn sie hindert daran, die je eigenen Gaben der Gemeinschaft zurückzugeben. Denn darauf kommt es bei der Arbeit an: daß wir unsere Begabung für die Gemeinschaft einsetzen. Die Ironie jeder Arbeitslosigkeit, die ich bisher beobachtet habe, sei es in amerikanischen Städten oder in den Straßen von Rio oder im ländlichen Irland, besteht darin, daß es stets genug zu tun gibt, was für das Wohlbefinden der Gesellschaft nötig wäre. Es fehlt jedoch am politischen Willen und der Phantasie, Arbeitslose und gute Arbeit zusammenzuführen. Überall nimmt die Zahl der Arbeitslosen zu, aber überall fehlen auch Arbeitskräfte. Wo gute Arbeit fehlt, breiten sich Selbstzweifel, Selbsthaß, Verbrechen, Gewalt, Alkohol und Drogenmißbrauch aus. Warum haben unsere Gesellschaften darin versagt, den Übergang von Arbeitslosigkeit zu guter Arbeit zu schaffen?

Daß einige Menschen von der Beschäftigung ausgeschlossen werden, hat viel mit der Art zu tun, wie wir Arbeit definieren und wie wir darauf vorbereiten (Bildung und Ausbildung). Unser Ausbildungssystem taugt nur für die Art von Arbeit, die von der industriellen und nachindustriellen Gesellschaft als solche definiert wird. Die *heilenden Künste* etwa gehören nach diesem Verständnis nicht dazu.[1] Die heilenden Künste haben mit Ritual zu tun, mit meditativer Kunst, mit der Gemeinschaftsorganisation und gemeinschaftlichem Feiern. Solche Künste könnten jeder Gesellschaft helfen, die Kosten ihres Gesundheitswesens drastisch zu senken. Viele Menschen könnten gute Arbeit finden, indem sie gärtnern, massieren, Straßenmusik machen, sich um Kranke kümmern, Behinderten zu größerer Selbständigkeit verhelfen; indem sie das Leben älterer Menschen (bei den Naturvölkern »die Verehrten« genannt) reicher machen, sich um die ganz Kleinen kümmern, Alleinerziehenden helfen; indem sie Süchtigen bei ihrer Selbstbefreiung helfen, den Analphabeten Lesen beibringen und andere zu mehr Bildung ermuntern; indem sie Jugendlichen bei ihren Übergangsriten ins Erwachsenenalter helfen und dabei, ihrem Ruf nach Arbeit und Beziehung zu folgen; indem sie die Heilung der von der Gesellschaft Vergessenen anregen. Die Schöpfungsspiritualität hat viel mit diesen heilenden Künsten zu tun und trägt dazu bei, Menschen gute Arbeit zu geben. In dieser Welt brauchte oder sollte nur eine begrenzte Zahl von Autos hergestellt werden. Aber was die Kreativität angeht, das Heilen und Feiern, die Schönheit und die Selbstverwirklichung, hat die Menschheit noch eine *unendliche* Menge an Möglichkeiten.

Von einem undemokratischen und anthropozentrischen Kapitalismus zu einer erdbezogenen Wirtschaft

Im Moment ist die »Erste Welt« schadenfroh über das offenkundige Versagen der Staaten in der »Zweiten Welt«, ihre Völker zu ernähren und mit grundlegenden Waren und Dienstleistungen zu versorgen. Doch stehen die Rechnungen für die Fehler des »fortgeschrittenen« Kapitalismus noch ins Haus. Sobald wir die Verdrängung aufheben, die die Einstellung unseres Wirtschaftssystems zur Vernichtung der Biosphäre möglich macht, kommen die ökologischen Rechnungen sehr schnell auf unseren Tisch – Tatsachen, die von der übermäßigen Kohlendioxyd-Emission der Autos und der Industrie und vom weltweiten Abbau der Regenwälder und Wälder herrühren. Luft, Wasser und Boden konnten der fortwährenden kapitalistischen Laissez-faire-Haltung nicht standhalten. Der Unfall der *Exxon Valdez* ist nur eine weitere Warnung in bezug auf die Gefahr, die der Erde von den übermächtigen und anthropozentrischen Multis droht.

Ein undemokratischer Kapitalismus, der sich in seinem Bemühen, die Mittelschicht zu betrügen, hinter demokratischen Slogans versteckt, ist immer hierarchisch und adultistisch in seiner Haltung. Junge Menschen und Anfänger, die noch nicht über Kapital verfügen, werden automatisch aus einem solchen System hinausgedrängt. Wenn sie Glück haben, bekommen sie etwas von den Krumen vom oberen Ende der Tische ab, und das ist alles. In einem solchen System bekommen die Habenden mehr und die Besitzlosen noch weniger. Als ein junger Mann in einem städtischen Ghetto gefragt wurde: »Warum die Banden? Warum die Drogen?« antwortete er: »Es gibt hier sonst nichts zu tun. Kein anderer Weg führt die Leiter hinauf.« Daß eine Generation junger Afroamerikaner und Indianer nach der anderen durch Drogen und Verbrechen oder in Gefängnissen umkommt, ist ein schmerzhafter Kommentar zum Versagen eines Kapitalismus, der hinter seinen demokratischen Idealen zurückbleibt. Der von führenden Politikern ausgerufene »Krieg gegen die Drogen« klingt verdächtig nach den anderen »Kriegen« des letzten Vierteljahrhunderts, wie etwa dem »Krieg gegen die Armut«. Was sollen diese militaristischen Metaphern? Haben wir keine Phantasie mehr für nicht-militärische Bemühungen? Diese »Kriege« können weder durch militärische Rhetorik noch durch Militäretats gewonnen werden. Eine Gesellschaft muß die Herzen ihrer Jugend öffnen, ihnen einen Grund zum Leben geben und so ihre Begabungen fördern: Gaben, die für den Kosmos bestimmt sind. Krieg ist ein unpassender Ausdruck für das Abenteuer, das wir suchen. Die richtige Kategorie ist die Kosmologie, die allein die Kraft hat, unserer Jugend eine Vision zu vermitteln, die größer ist als die der Konsumwelt.

Diese Vision kann eine entstehende planetare Erdgemeinschaft geben, die nach der Jugend ruft und sie dadurch schützt. Mehr als je sind die heutigen Jugendlichen die letzte große Hoffnung für den Planeten. Wir dürfen sie nicht an ein System verschwenden, das so eng ist, daß es Ökonomie allein durch Statistiken, Aktien, Kurse, Kapital und Geld definiert. Die Ökonomie der Zukunft muß durch den echten Reichtum, das heißt die Gesundheit von Mutter Erde und ihren Kindern, definiert werden, besonders dene, die noch kommen. Die Schöpfungsspiritualität ruft uns zu solch einer ökonomischen Vision auf. Wir sind nämlich in der Lage und gefordert, das universelle Prinzip des Loslassens anzuwenden und es für kleine und große Gemeinschaften zu ritualisieren. Indem die Schöpfungsspiritualität daran festhält, liefert sie uns ein Mittel, der Gier zu widerstehen und zum Schaffen von Gerechtigkeit überzugehen. Durch die Betonung der Kreativität bei der Herstellung von Gerechtigkeit und beim Feiern des Lebens gibt uns die Schöpfungsspiritualität Modelle, wie Kleinbetriebe und kreativer Handel unserer geistigen und physischen Umwelt dienen können, statt sie zu verschmutzen.

Von der illusionären Traumwelt der Werbung zu einer echten Eschatologie der Gerechtigkeit

Mit Recht bezeichnet Thomas Berry unsere Kultur als eine »illusionäre Traumwelt«. Das liegt im Wesen einer Konsumgesellschaft, in der viel Phantasie, Geld und Kreativität aufgewendet werden, um den Menschen eine Traumwelt vorzugaukeln, damit sie bestimmte Waren kaufen. Sei es der perfekte Sportwagen, der auf völlig freier Autobahn seine Bahn zieht (die Kamerateams müssen für solche Spots furchtbar früh aufstehen, um überhaupt noch freie Autobahnen zu finden), oder der perfekt gebaute Mann, der fast nackt vor dem Spiegel steht und sich mit dem perfekten Rasierer rasiert, oder die Frau mit der Idealfigur, die lächelnd und mit perfekt glänzenden Zähnen ihre Frühstücksflokken ißt – alles zielt auf unser Traumleben.

Das Ergebnis? Ich glaube, daß dadurch eine echte Eschatologie ausgetrieben wird. *Eschatologie* kommt vom griechischen Wort für »Zukunft«; und eine echte Eschatologie ist ein *Traum von einer besseren Zukunft*. Diese bessere Zukunft, die unsere Phantasie und unsere Träume anspricht, zeichnet sich nicht durch bessere Konsumgüter, sondern durch *mehr Gerechtigkeit* aus. Die Propheten träumten von einer Welt, in der »Gerechtigkeit wie Wasser fließt«. Und Hildegard von Bingen war überzeugt, daß »wir uns aus unserer Dumpfheit erheben und leidenschaftlich nach Gerechtigkeit streben sollen«. Das ist ein echter Traum für ein Volk, ein Traum von einer besseren Gemeinschaft, einer ganzheitlichen und froheren Gemeinschaft, einer »geliebten Gemeinschaft«, um einen Ausdruck Martin Luther Kings zu verwenden: einer Gemeinschaft ohne Sexismus, Rassismus, Kolonialismus, Adultismus oder Anthropozentrismus. Eine Pseudo-Traumwelt aber vertreibt den echten Traum und füllt unsere Vorstellungen mit einem anderen Muster, das uns dann beherrscht und von den edleren Träumen ablenkt.

Die Schöpfungsspiritualität versucht hingegen, die Eschatologie in vollstem Sinne wiederherzustellen. Sie nährt die Vision einer Neuen Schöpfung, einer gewandelten Gesellschaft mit einer anderen Bildung, anderen Gottesdiensten, anderer Arbeit und anderen Beziehungen. Wie jede Eschatologie stößt sie auf erheblichen Widerstand und auf Verdrehungen bei jenen, die mehr am alten Konsum-Traum hängen als an einem Traum von der Teilhabe aller am Leben.

Es wird sich zeigen, ob diese Liste der »Befreiungen *von*« die geistige Verarmung aufdeckt, die hinter der politischen und kulturellen Impotenz der überentwickelten Welt steht, und ob diese Themen die Ursachen bilden für die fortgesetzte Ausbeutung der Völker der »Dritten Welt« durch diejenigen der »Ersten«. Die entsprechenden »Befreiungen *zu*« bieten einen hoffnungsvollen und kräftigenden Plan, wie die Knechtschaft der überentwickelten Welt umgekehrt werden könnte. Denn wie ein Sklavenhalter ebenfalls ein Opfer der Sklaverei ist, wenn auch weniger offensichtlich, so ist die überentwickelte Welt Opfer ihrer eigenen Weltsicht.

8. Auf dem Weg zu einer Spiritualität beider Amerika

Beim Schreiben dieses Buches habe ich gelernt, *wieviel* die Schöpfungsspiritualität und die Befreiungstheologie gemeinsam haben, das heißt, wie *amerikanisch* beide Bewegungen sind. Mit »amerikanisch« meine ich hier nicht die Vereinigten Staaten unter Ausschluß Kanadas und der Staaten Mittel- und Lateinamerikas. Ich meine das Amerika beider auf einzigartige Weise verbundenen Kontinente, die Nord und Süd umspannen wie ein menschlicher Körper Kopf und Rumpf. Beide Teile Amerikas haben zum momentanen Zeitpunkt der Geschichte eine einzigartige Gabe für die Welt. Und sie haben ein Geschenk für die christliche Kirche, die nach siebenhundert Jahren aus ihrem Sündenfall-Erlösungs-Schlummer erwacht.

Beide Amerika stellen hervorragende Beispiele für Staaten der sogenannten »Ersten« und »Dritten Welt« dar. Welch ein Jammer, daß so viel Geld, militärische Macht und politische Rhetorik zwischen diesen Kontinenten im Hinblick auf mögliche Eingriffe der »Zweiten Welt« verschwendet worden sind, statt sie für ein Modell dafür einzusetzen, *wie eine Kooperation zwischen »Erster Welt« und »Dritter Welt« möglich sein kann, die auf Loslassen und Umstrukturierung beruht.* Dieser Kontinent bietet eine große Chance, die Hegemonie der überentwickelten Staaten über die unterentwickelten zu überwinden und Gerechtigkeit zwischen den Völkern zu finden.

Nord- und Südamerika befinden sich in einem gemeinsamen Kampf um Leben und Tod. Dieser Kampf ist nicht nur der offensichtliche in den Straßen von El Salvador oder bei den Campesinos in Brasilien, es ist auch der Kampf in den Korridoren der multinationalen Hamburger-Restaurants, in den Sitzungssälen der Banken, in den Etagen der Börsen, bei den Aktionsversammlungen in Deutschland, Holland, England, Japan und den USA. Der Kampf findet in den Herzen und Körpern der Nordamerikaner und Nordamerikanerinnen statt, die von Drogen aus Lateinamerika abhängig werden oder der Verzweiflung und der Armut verfallen.

Beide Amerika:
eine gemeinsame Geschichte des Kampfes

Die Gefahren unserer Zeit erfordern Gelassenheit und Versöhnung. Wenn der Präsident der UdSSR nach *Perestroika* rufen konnte und wenn USA und GUS sich wieder anfreunden, warum sollte dieser Geist nicht auch zwischen den USA und Lateinamerika herrschen? Schließlich teilen wir Amerikanerinnen und Amerikaner eine Geschichte des Kampfes gegen den europäischen Kolonialismus. Und warum sollte die Spiritualität beider Amerika nicht einen gemeinsamen neuen Begriff der Kirche erschaffen können? Schließlich haben wir viele geistige Wurzeln und Kämpfe miteinander gemein:

1. Beide Amerika teilen die Erfahrung des europäischen Kolonialismus. Die ursprünglich auf den amerikanischen Kontinenten lebenden Völker fielen einem Völkermord zum Opfer, wie es ihn selten, wenn überhaupt jemals auf diesem Planeten gegeben hat. Ihre Zahl wurde von 80 Millionen – zur Zeit der Landung von Kolumbus – innerhalb von fünfzig Jahren auf 10 Millionen reduziert. Dieser Völkermord geht heute noch in Guatemala und anderswo weiter und ist auch in den Reservationen Nordamerikas spürbar. Dort zeigt er sich als trauriger Preis des Alkoholismus, der Drogenabhängigkeit, der Verzweiflung der Jugend und ihrer Selbstmorde, wie auch in den unglaublich unsensiblen Bemühungen des Vatikans, den Franziskanermissionar Junipero Serra zu kanonisieren, der die Indianer kolonisierte, sie (sogar trotz eines Verbotes seitens des Gouverneurs) schlug und in Kalifornien erheblich zur Zerstörung ihrer Kultur beitrug. Trotz dieses Holocaust und der fortwährenden Unterdrückung ist die Weisheit jener Völker nie ausgestorben. Heute gibt es unter den Indianervölkern

ein Wiederaufleben ihrer religiösen Praktiken. Und auch weiße Gelehrte erkennen in zunehmendem Maße, welche großartigen kulturellen Errungenschaften diese hochentwickelten Zivilisationen im Hinblick auf Landwirtschaft, Wirtschaft, Politik und Kunst hervorgebracht haben. Als der Dominikanermissionar Bartholomäus de las Casas im 16. Jahrhundert verkündete, die indianische Zivilisation sei der spanischen weit überlegen, sprach er damit eine Wahrheit aus, die in Europa und Amerika erst noch verstanden werden muß. Dann kann eine echte *Ecclesiogenesis* geschehen, um einen Ausdruck der Befreiungstheologie aufzugreifen: eine *Neugeburt der Kirche*, die die Weisheit der Völker Amerikas aufnimmt, statt sie zu zerstören.

Historisch gesehen durchliefen Nord- und Südamerika beide das Trauma der Kolonisierung. Früher als die Südamerikaner überwanden die Nordamerikaner den Kolonialismus und kehrten leider die Rollen um. Welche Ironie, daß ausgerechnet die Vereinigten Staaten, die so stolz auf ihre Revolution von 1776 gegen den britischen Kolonialismus sind, im 19. und 20. Jahrhundert eine Wende vollzogen und selbst zur imperialen Macht über die lateinamerikanischen Völker wurden. Die USA kolonisierten Lateinamerika mit jener Grausamkeit, die sich oft bei einem verwundeten Kind findet, das als Erwachsener selbst zum »Killer« wird. Was geschähe, wenn beide Amerika die Gewohnheiten des Kolonialismus und des Imperialismus ablegen würden? Jetzt, in den neunziger Jahren, beobachten wir das Zerbrechen des Sowjetimperiums – wäre es da nicht Zeit für das US-Imperium, das über Lateinamerika herrscht, gleiches zu tun? Über hundert Pastoren, Laienführer und Theologen aus Mittelamerika verfaßten im April 1988 ein Dokument mit dem Titel »Kairos-Dokument«. Darin beschreiben sie den Kampf der Armen gegen die »Götzen des Imperialismus«:

»In der Entwicklung ihres geschichtlichen Bewußtseins mit Hilfe ihres Glaubens fanden die Armen in Mittelamerika heraus, daß der Gott der abendländischen christlichen Gesellschaft nicht der Gott Jesu ist, sondern eher ein Götze des Imperialismus. ... Zur Zeit sind die Armen in Mittelamerika Zeugen und Märtyrer des Gottes Jesu, des Gottes der Armen. ... Sie sind eine lebende Prophezeiung ..., die die christlichen Kirchen auffordert, die imperialistischen Götter aufzugeben und sich zum wahren Gott zu bekehren.«

Kann die »Erste Welt« von ihrem Imperialismus ablassen und sich selbst dadurch ebenso befreien wie diejenigen, die kolonisiert worden sind?

2. Ganz offensichtlich haben Nord- und Südamerika geographische Gemeinsamkeiten, die immer enger werden, je kleiner die Welt wird. Das geschieht nicht nur aufgrund des schnellen Reisens und der Kommunikationsmöglichkeiten, sondern auch wegen der wechselseitigen Abhängigkeit zwischen den leidenden Regenwäldern Brasiliens und der Luftverschmutzung in Mexiko City oder New York. Betrachten wir folgende Fakten: Seit 1950 ist die Hälfte der tropischen Wälder der Welt verschwunden – 37 Prozent in Lateinamerika, 66 Prozent in Mittelamerika, 38 Prozent in Asien, 52 Prozent in Afrika. Diese Verwüstung führt zu einer beschleunigten Bodenerosion, zu einem trockeneren Klima, zur Zerstörung der Landwirtschaft. Der Hauptgrund für dieses Verschwinden der Wälder ist die Politik der Länder der »Ersten Welt« gewesen. Der Kohlendioxyd-Ausstoß, den der nordamerikanische Lebensstil bedingt, und die Zerstörung der Regenwälder durch nördliche Konzerne sind weitere Belege für die Schattenseite der wechselseitigen Verbundenheit. Wir alle sind in die ökologische Krise verwickelt. Ein weiteres Beispiel für die Verbundenheit aufgrund geographischer Gemeinsamkeiten sind die schändlichen Versuche der überentwickelten Staaten, in den unterentwickelten heimlich Müll abzuladen – darunter auch radioaktiven Müll.

3. Sowohl in Nord- wie in Südamerika befindet sich die Jugend in einer Krise. Es wird geschätzt, daß im Süden Millio-

nen Jugendliche auf den Straßen Brasiliens ihr Dasein fristen. Unter den Teenagern des Nordens finden wir eine Epidemie der Verzweiflung, der Gewalt und der Selbstmorde. Die Rate der Drogen- und Alkoholabhängigkeit sowie der Schwangerschaften unter Teenagern schnellt in die Höhe. Unsere Gefängnisse sind mit Jugendlichen überfüllt. Würde sich eine gesunde Spiritualität nicht schleunigst dafür einsetzen, die Jugend zu heilen und zu kräftigen und Hoffnung und Selbstdisziplin zu erwecken? Würde eine gesunde Spiritualität nicht versuchen, neue Kultformen zu entwickeln, die auch für Jugendliche offen sind? Würde eine gesunde Spiritualität nicht wirksame Wege finden, die Gelder aus Militäretats für Arbeitsplätze und Ausbildungen einzusetzen, um Arbeit für die arbeitslosen Massen junger Menschen zu finden und eine neue Ausbildungsform zu erfinden, die dem *ganzen* Menschen dient und gleichzeitig gute Arbeit schafft?

Wenn den Erwachsenen das innere Feuer fehlt, solche Veränderungen einzuleiten, dann ist für die Jugendlichen der Welt, die sich von einer adultistischen Struktur in Politik, Wirtschaft, Erziehung und Religion ausgeschlossen fühlen, vielleicht die Zeit gekommen, aus der adultistischen Kultur ganz auszusteigen und ihre eigene Subkultur aufzubauen. Eine Subkultur, die von anderen ökonomischen Voraussetzungen ausgeht, in der sie ihre eigene Nahrung anbauen, ihre eigene Kleidung herstellen, ihre eigene Bildung und Unterhaltung hervorbringen und ihre eigenen Rituale feiern.

4. Nord- und Südamerika haben beide ihren Anteil an der Drogenkrise. Die Lateinamerikaner würden die finanziell so lukrativen Pflanzen nicht anbauen, wenn Nordamerika nicht einen so breiten Markt dafür böte. Die Nordamerikaner und Nordamerikanerinnen brauchen geistige Quellen, um ihr Bedürfnis nach Abhängigkeit überwinden zu können. Und Lateinamerika braucht wirtschaftliche Alternativen im Anbau. Würde eine erweckte Spiritualität bei dem gemeinsamen Loslassen nicht helfen?

5. Nord- und Südamerika haben beide hohe Schulden. Lateinamerika soll den nordamerikanischen Banken etwa dreihundert Milliarden Dollar schulden, was aber weniger ist, als die USA jährlich für Rüstung ausgeben. Uns wird gesagt, daß unsere Konjunktur zusammenbräche, wenn die US-Banken diese Schulden erlassen würden. Vielleicht ist es Zeit für einen Durchbruch im Geldsystem und für ein neues Banken-System, das globaler ist, das die armen Staaten mit berücksichtigt, das gerechter und realistischer ist. Kein Bankier rechnet im Ernst damit, daß Lateinamerika diese Schulden je zurückzahlt. Vor zwei Jahren haben die Lateinamerikaner allein siebzig Milliarden Dollar Zinsen gezahlt, ohne Tilgung. Bilden diese Schulden nicht eine Fortsetzung der Knechtschaft, die Europa den Amerikanern seit der Kolonisation aufgezwungen hat? Warum sollte nicht ein Durchbruch die Last von den lateinamerikanischen Ländern nehmen, so daß sie nicht als Schuldner, sondern als Partner an der Weltwirtschaft teilnehmen können? Haben diese Völker nicht lange genug in der Sklaverei fremder Wucherer geschuftet? Hätte es je eine günstigere Zeit für ein »Jubeljahr« gegeben, wie die Bibel es nennt, in dem alle Schulden erlassen werden und alle Beziehungen neu und gleichberechtigt beginnen können?

Ich erinnere mich daran, wie ich die alte Lateranbasilika des Hl. Johannes in Rom besuchte. Es war Sonntagmorgen, und die Gottesdienstbesucherinnen und -besucher sammelten sich vorn in der riesigen Kirche; es waren etwa 175. Auf den weiten Marmorböden der Kirche gingen Touristen aus allen Ländern der Welt herum. Ich hörte, wie ein Gruppenführer sagte: »Schauen Sie nach oben an die Decke. Das Gold stammt aus Peru.« Später besuchte ich die große Kirche St. Maria Maggiore. Auch das Gold ihrer Decke stammte aus Amerika. Ich finde dieses Erlebnis sehr vielsagend und typisch. Würde die Römisch-Katholische Kirche es ernst meinen mit der wirtschaftlichen Gerechtigkeit gegenüber der »Dritten Welt«, so könnte sie sich dazu entscheiden, einen Teil des im Laufe der Jahrhunderte in Amerika geraubten Goldes zurückzugeben. Eine solche symbolische Geste könnte den Weg ebnen für die Umkehr, die das Banken-System der überentwickelten Staaten durchführen muß.

Beide Amerika auf der Suche nach einem alternativen Ausbildungsmodell

Die auf Kant und Descartes basierenden europäischen Ausbildungsmodelle passen nicht zu der bildhaften Art, wie die Indianer und Afroamerikaner lernen und wie auch viele junge Menschen lernen müssen: durch Geschichten und Mitmachen. Alle Lernsituationen sind prozeßhaft. Die indianische Art des Lernens ist weniger intellektualistisch als diejenige, die wir von den Europäern geliehen haben.

Die Philosophie in beiden Teilen Amerikas ist nicht verkopft, aber auch nicht anti-intellektuell. Oft wird sie als »pragmatisch« bezeichnet, das bedeutet: sie ist anti-idealistisch und anti-patriarchal. In der amerikanischen Philosophie findet sich notwendigerweise eine *mütterliche* Komponente, die durchaus von dem Geist der ursprünglichen Einwohner dieses Landes stammen kann, deren Religion von Frederick Turner als »ursprüngliche Mutterliebe« bezeichnet wurde. Die Betonung der *Praxis* in der Befreiungstheologie und in der Schöpfungsspiritualität ist Ausdruck des Pragmatismus unserer Völker, denn Spiritualität beruht auf *Erfahrung,* die der Theorie vorhergehen und sie prüfen muß.

In jeder amerikanischen Philosophie wird Kreativität wichtig sein. In einem jungen Staat, wie etwa dem kanadischen, und auch in vielen Städten der USA kann man den Pulsschlag des Kreativen spüren. Künstlerinnen schauen erst und urteilen später, sie lernen durch Versuch und Irrtum. Künstler achten Disziplin, wehren sich aber gegen Askese. In Naturvölkern werden alle Mitglieder als schöpferische Menschen angesehen, und es wird davon ausgegangen, daß jede menschliche Arbeit ein Mitschaffen mit dem Universum beinhaltet. Paulo Freire hält die Kreativität gerade für die Unterdrückten für wichtig, wenn er sagt:

»Die Menschen müssen angeregt werden, ihre historische Existenz durch eine kritische Analyse ihrer kulturellen Leistungen, ihrer Kunst und Musik wiederzufinden. Entdecken sie einmal, daß ihre Musik ebenso Kultur und Kunst ist wie die Musik Beethovens, dann können sie aus der Struktur der Minderwertigkeit ausbrechen, die sie daran hindert, an der Erschaffung ihrer Gesellschaft teilzunehmen.«

Im Norden haben die Frauen daran gearbeitet, ihre Minderwertigkeitsgefühle zu überwinden, künstlerisch tätig zu werden und in der Wiederentdeckung ihrer Kunst ihre »historische Existenz« schätzen zu lernen; Judy Chicagos Arbeit ist dafür nur ein Beispiel. Wo wären die Afroamerikaner/innen heute ohne ihre kulturellen Leistungen in Musik, Satire und Kunst?

Die Befreiungstheologie erweckt einzelne und Gemeinschaften durch einen Erziehungsprozeß, der sich von den hergebrachten Modellen so weit unterscheidet, daß er sich mit einem neuen Namen schmücken kann: *Conscientização* – Bewußtseinsbildung, die darin besteht, daß wir die alten und ererbten Konzepte dessen, was wir sind und welche Verantwortung wir haben, durchbrechen. Wenn etwa Erwachsene das Lesen anhand von Themen erlernen wie »Landarbeiter-Haus« im Gegensatz zum »Gutsbesitzer-Haus«, dann hat das Lesen sofort eine immense Auswirkung auf die politische Phantasie. Die Kraft der erworbenen Einsichten treibt alle masochistischen Neigungen aus, die die Betroffenen in einer sadistischen Gesellschaft geerbt haben.

Auch die Schöpfungsspiritualität bietet ein alternatives Ausbildungsmodell an. Sie wendet sich bewußt davon ab, die Welt in patriarchalen und dualistischen Begriffen zu verstehen. Daraus erhalten wir Kraft, denn wir werden mit unseren Problemen und Begabungen in den Rahmen der kosmischen Geschichte gestellt, unsere grundlegende Schönheit und die Fähigkeit, Segen für Segen zurückzugeben, werden bestätigt. Wir lernen über unsere Rechte und Verantwortungen, die sich aus unserem Hiersein ergeben.

Die Schöpfungsspiritualität heilt das anthropozentrische Erziehungsmodell, das die Bildung der »Ersten Welt« beherrscht und abgehobene Menschen schafft, die ihre eigenen Gefühle und die Gefühle anderer zu ignorieren lernen. Die Schöpfungsspiritualität lehrt Mitgefühl, indem sie das menschliche Dasein auf persönlicher und historisch-gesellschaftlicher Ebene in den Kontext einer lebendigen Kosmologie stellt. Wird dieses dynamische Gemisch mit meditativer Kunst zusammengebracht, so erweckt es das Mystisch-Prophetische in den Lernenden und befreit es. Kosmologie bedeutet, daß Wissenschaft, Kunst und Mystik zusammenkommen, um uns unsere gemeinsamen Ursprünge und damit auch Ziele bewußtzumachen. Eine solche Erziehung kann in den überentwickelten Völkern Ehrfurcht und Staunen erwecken, neue Kraft und soziale Verantwortung.

Mit Wissenschaftlern und Künstlerinnen, Ritualschöpfern und Vertreterinnen von Naturvölkern, mit Feministinnen und Sozialaktivisten zusammenzuarbeiten führt zu »einer anderen Art, Theologie zu betreiben«, wie Boff es nennt – und auch dazu, eine andere Art Theologe zu werden. Boff sagt: »Statt eine neue theologische Methode einzuführen, ist die Befreiungstheologie eine neue Art, Theologe zu sein. ... Die Theologie kommt später; die befreiende Praxis kommt zuerst.« Die schöpfungsbezogene Spiritualität verändert zuerst den Theologen, die Theologin und gliedert sie wieder ein in die Matrix der ganzen Kultur. Sie erlaubt es nicht mehr, es sich in einer nur »religiösen« Kultur bequem zu machen. Schöpfungsspiritualität wie Befreiungstheologie sehen die Erziehung, die Bildung als Herz der Befreiung an. Und beide Bewegungen kritisieren beständig die herrschenden Bildungsmodelle. Die Bildung selbst kann und muß befreit werden.

Beide Amerika: eine gemeinsame Naturmystik

Nord- und Südamerika haben eine gemeinsame Schöpfungsmystik. Warum hat Ernesto Cardenal, der Dichter und Prophet aus Nicaragua, sein Hauptwerk als »*Cantico Cosmico*« benannt? Warum wurde der Begriff »Kosmischer Christus« erstmals in den Vereinigten Staaten benutzt (1906)? (Obwohl die Idee des Kosmischen Christus schon sehr alt ist, wurde der eigentliche Begriff erst in der amerikanischen Theologie geprägt.) Warum ist die schöpfungsbezogene Überlieferung in den USA wiederbelebt worden? Warum hat dieses Land panentheistische Dichterinnen und Dichter des Formats hervorgebracht wie Walt Whitman, Emily Dickenson, Robinson Jeffers, William Everson, Robert Frost, Adrienne Rich, Audre Lorde, Denise Levertov und Wendell Berry; und solche Autoren wie David Thoreau, John Muir, Rachel Carson, Annie Dillard, Barry Lopez, Alice Walker und Thomas Berry? In diesem Land sind der Kosmos und das Göttliche niemals so erfolgreich auseinandergebrochen worden wie in Europa. Unserer Spiritualität ist der Dualismus im Grunde fremd. Gibt es je irgendwelchen Dualismus bei lateinamerikanischen Romanautor/innen wie Jorge Arnado und Isabel Allende, oder bei Musiker/innen wie Victor Jara, Carlos Mejia Godoy oder Violeta Parra, oder unter Dichter/innen wie Pablo Neruda, Julia Esquivel, Pedro Casadaliga oder Rigoberto Lopez Perez?

In einem brillanten Aufsatz über »Die schwindende Weisheit der Vögel« beschreibt Barry Lopez, wie Cortez und seine Männer bei der Verwüstung der uralten und weltweit schönsten Stadt Tenochtitlan, dem »Byzanz der Azteken«, heute Mexiko City, auch die Millionen Vögel der Stadt umbrachten. Er spricht über den Verlust, den wir erleiden, wenn die Natur entwürdigt wird:

»Wir laufen Gefahr, das Zentrum unserer Ideale zu verlieren, den Sinn unserer Würde, unseres Mitgefühls und sogar der Bedeutung dessen, was wir Gott nennen. Die Naturphilosophie, die wir im Zweistromland vor achttausend

Jahren ablegten, können wir, wie ich meine, in Nordamerika wiederfinden und sehr verfeinern. Die Neue Welt birgt immer noch eine Landschaft, deren Reichtum an Tieren und Pflanzen überwältigend ist und vom Mysterium widerhallt. Sie ruft immer noch auf zu einer erleuchteten Antwort auf die hier ansässigen Kulturen, seien es die der Azteken, der Lakota, der Wölfe, der Vögel oder der Wirbellosen. Indem wir unsere Vorstellungen vom inneren Wert des Lebens erweitern und unseren Respekt vor anderen Wegen pflegen, die Vollkommenheit anzustreben, könnten wir jenes Gefühl der Bestimmung finden, nach dem wir wohl schon seit Jahrhunderten suchen.«

Was Lopez über Nordamerika sagt, bezieht sich auf ganz Amerika und im Grunde auch auf die größten Teile Asiens, Afrikas, des Südpazifik und ihrer Völker. Er sagt, daß unsere Natur uns vom Anthropozentrismus zur Kosmologie einlädt.

Amerikaner und Amerikanerinnen wissen um die Heiligkeit der Wildnis. Auch wir Menschen bergen in uns eine Wildnis – wenn wir sie nur achten würden! Man fühlt sich an den Propheten Hosea erinnert, bei dem es heißt: »Ich (Jahwe) werde dich in die Wildnis hinausrufen und dort von Herz zu Herz mit dir sprechen.« Oder an das Hohelied, wo die Liebenden Hand in Hand »aus der Wildnis« der menschlichen Liebe auftauchen, die auch die göttliche Liebe ist. Die amerikanische Leidenschaft für die Wildnis erweckt eine Art dionysisches Bewußtsein, das die europäischen Definitionen der Spiritualität herausfordert. Ekstase macht der apollinischen Mentalität Angst, doch ist es ein ebenso guter Name für die Gotteserfahrung wie jeder andere. Der Dichter William Everson weist auf das Schicksal des dionysischen Dichters in unserer Kultur hin. Wer eine dionysische Spiritualität in die Theologie einbringt, darf wohl ähnliches erwarten.

»Der dionysische Dichter leidet stets unter den apollinischen Kritikern seiner Zeit. Er bringt Material aus dem Unbewußten hervor und verstößt damit gegen ihre Prinzipien – was sie übelnehmen. Sie fürchten dieses Material, weil

sie meinen, die Reinheit der kulturellen Kontinuität als ihre Herren gegen solche Ausbrüche schützen zu müssen.
Ich verweise auf Jesaja, den größten dionysischen Propheten der Religion. Und dann haben wir Dante, den größten apollinischen Dichter des Christentums. Ich persönlich ziehe Jesaja gegenüber Dante vor, weil ich meine, daß er Gott näher ist.«

Die Gabe wie die Bürde der Schöpfungsspiritualität liegt darin, daß sie sowohl dionysischer als auch prophetischer ist als das vorherrschende theologische Paradigma aus Europa.

Beide Amerika und die Geburt einer Kirche

Im Hinblick auf das, was Penny Lernoux in ihrem wichtigen Buch *The People of God: The Struggle for World Catholicism* genannt hat, sind Nord- und Südamerika Partner. In Brasilien existiert die größte römisch-katholische Kirche; und die reichsten, gebildetsten und aktivsten Römisch-Katholischen leben in den Vereinigten Staaten. Gibt es zwischen diesen beiden Körperschaften nicht eine natürliche Affinität? Wenn die »vorrangige Option für die Armen«, wie sie von der lateinamerikanischen Kirche gepredigt wird, in einer erneuerten nordamerikanischen Kirche *praktiziert* würde, dann käme der Weltkatholizismus in Zukunft den Werten der Evangelien näher. Auch die Ökumene ist in Amerika viel weiter entwickelt als in Europa, wo es überalterte Traditionen und nicht-praktizierende Christen im Überfluß gibt.

Ich halte den Atheismus für eine europäische Erfindung. Er existiert im Kopf, wo so viele europäische Philosophen gelebt haben und uns zu leben lehrten. Ich habe niemals einen Angehörigen eines Naturvolkes getroffen, der oder die Atheist war. Sie sind der Natur zu nahe, um nicht von ihrer Numinosität angerührt worden zu sein. Nur eine anthropozentrische Zivilisation konnte so etwas wie einen Atheismus erfinden. Aber ich bin der Überzeugung, daß neunzig Prozent des Atheismus im Grunde Anti-Theismus und Antiklerikalismus sind. Ein großer Teil des praktischen Atheismus ist eine blanke Leugnung der Menschenrechte, wie wir heute beim Militär in El Salvador sehen können. Oder es ist eine dem Imperialismus dienende Religion, wie er oft im Namen eines fundamentalistischen Christentums vertreten wurde. Die Alternative zum Theismus, zum Atheismus und Anti-Theismus ist der Panentheismus, der den Völkern beider Amerika gut bekannt ist.

Ecclesiogenesis bedeutet: Geburt einer Gemeinschaft, eines Volkes, das auf neue Weise Kirche wird. Der Geist gebiert die Kirche auf immer neue Art, denn, wie Leonardo Boff schreibt, »die Kirchengeschichte ist eine echte Geschichte: die Erschaffung von etwas nie zuvor erlebtem Neuem. ... Unsere Situation muß im Lichte des Heiligen Geistes verstanden werden.« Man darf natürlich nicht vergessen, daß der Geist die Kirche hervorbringt – und nicht die Kirche den Geist. Vor kurzem sprach mich ein junger Mann an, der sehr mit der Frage rang, ob er die Kirche verlassen solle oder nicht. Ich legte ihm nahe, daß es noch eine dritte Option gebe: die Kirche zu gebären. Ecclesiogenesis wird viele zur Kreativität aufrufen, besonders die Jungen. Eine von einer spirituellen Vision erneuerte Kirche ist nur einer der Bereiche, in denen heute eine Renaissance notwendig ist.

Hildegard von Bingen sagt, daß wir mit allem, was wir tun, Mitschaffende mit Gott sind. In der heutigen Zeit ist es eine große Berufung und ein wichtiger Schritt auf der Via Transformativa, unsere erweckten und befreiten Begabungen der Erneuerung der Kirche zu widmen. Denn können wir unsere Institutionen, von denen die Kirche eine wichtige ist, nicht wandeln, so sind wir verloren, und die Erde selbst wahrscheinlich auch. Die Schöpfungsspiritualität trägt auf vielen Ebenen zu einer solchen Ecclesiogenesis bei. Eine davon ist der Gottesdienst, der Kult. Da ich die für das Abendland notwendigen kultischen Erneuerungen in »*Vision vom Kosmischen Christus*« ausführlich dargestellt habe, werde ich es hier nicht wiederholen. In dem genannten Buch entwerfe ich sechs Prinzipien für einen echten Gottesdienst. Die Schöpfungsspiritualität trägt viel dazu bei, der Religion vom Wortschwall zum lebendigen Ritual zu verhelfen, denn sie achtet die Riten der Naturvölker und hört auf ihre Weisheit. Sie fordert die Teilnehmenden auf, die aus dem Ritual kommende Kraft wiederzuentdecken, und stellt den Kult wieder in einen kosmischen Zusammenhang.

Während sich zwischen den christlichen Religionen hinsichtlich der Ökumene nicht viel zu bewegen scheint, sehe ich jedoch an der Basis sehr Tiefgreifendes geschehen. Ich nenne es eine »Ökumene als Lustspiel« im Unterschied zur »Ökumene als Trauerspiel«. In allen kirchlichen Körperschaften finden wir heute einen tiefen Riß zwischen Menschen, die sich an der Frage der Gerechtigkeit orientieren, und den Fundamentalisten. Letztere melden sich immer lauter zu Wort, obwohl sie nur eine kleine Minderheit darstellen, und es wird viel Energie darauf verschwendet, sie zu besänftigen. Heute müßte es innerhalb der Konfessionen Teilungen geben, damit neue Verknüpfungen entstehen können, die aus den verschiedenen Traditionen diejenigen verbinden, die die Gerechtigkeit gemeinsam zum Grundbestand des Evangeliums zählen. Joseph Meeker beschreibt, daß es häufig zwei Reaktionen gibt, wenn Gemeinschaften sich aufspalten: Die erste ist die tragische, die oft mit einer Beerdigung endet, wie in *Romeo und Julia*. Die zweite ist die heitere, die oft in Hochzeiten mündet, wie in klassischen Komödien. Ich gehe davon aus, daß es in den neunziger Jahren jede Menge »Hochzeiten« zwischen Christen geben wird, eine »Ökumene des Lustspiels«, die in den Herzen und Köpfen der Menschen an der Kirchenbasis beginnt.

Die Schöpfungsspiritualität trägt außerdem zur Erneuerung der Kirche bei, indem sie die feministische Weisheit und Praxis und die Geschichten der Mystikerinnen und Prophetinnen wieder an einen Ehrenplatz in unserer Überlieferung stellt. Das im Rahmen der Schöpfungsspiritualität entwickelte Bildungsmodell könnte ein hervorragendes

Vorbild zur Erschaffung einer echten christlichen Bildungsalternative sein, die der Jugend und dem Planeten Hoffnung geben kann, indem sie über die Imitation des säkularen Bildungsmodells hinausgeht. In diesem Modell spielen das Numinose und die Erfahrung des Heiligen eine Rolle, wie es für eine kosmologische Lehrtradition typisch ist. Eine solche Überlieferung entdeckt das Kindliche und das Mystische in allen Studierenden und mißt den Erfolg der Ausbildung daran, wie wirksam unsere Bemühungen um mehr Gerechtigkeit und Mitgefühl sind. Es ist ein feministisches Bildungsmodell, in dem Prozesse und Gefühle wichtig sind und mit kritischer Analyse und Konzeptbildung zusammen im Dienste der Transformation stehen.

Ein solches Bildungsmodell kann mit Recht als »Weisheitsschule« bezeichnet werden, denn es prägt uns nicht nur Kenntnisse ein (mit denen unsere Gattung gesättigt ist), sondern lehrt Weisheit, Regeln für das Leben im Universum, Wege zur Öffnung und Kräftigung des Herzens und zur Harmonie mit der Erde, mit uns selbst, mit anderen Arten und anderen Menschen, wie auch mit dem schöpferischen Geist des Universums. Solche Weisheitsschulen sind auf allen Ebenen der Gesellschaft und der Bildung verzweifelt nötig.

Die Grundlage der Bewegung zur *Ecclesiogenesis* in der Befreiungstheologie bilden die *Basisgemeinden*. Diese Gemeinschaften stellen dar, was Boff als »ein neues Experiment der Kirche« bezeichnet, »der Gemeinschaft und der Kommunion von Menschen innerhalb der ... alten Tradition«. Kleine Gruppen bilden auf wirksamere Weise Gemeinschaft, als die institutionalisierten Gemeindestrukturen es können. Sie stehen zwar in einer polaren Spannung zu diesen Institutionen, sollen aber nicht mit ihnen konkurrieren. Und doch »konstituieren sie«, so Boff, »die wahre und echte Gegenwart der Katholischen Kirche«. Auch wenn die Abwesenheit von geweihten Priestern und der formalen Eucharistie für einen großen Teil des lateinamerikanischen Katholizismus typisch ist, bringt das Volk Gottes einen neuen Typ von Kirche hervor. Der Begriff der *Basis* bedeutet, daß »die Kirche nicht von der Spitze nach unten, sondern vom Boden, von den Wurzeln her betrachtet wird« (Boff). In diesen Basisgemeinden werden vielfältige Ämter im Namen Christi und der Kirche übernommen, wie die Gemeindeleitung und -koordination, die Katechese, die Gestaltung der Liturgie, die Krankenbetreuung, die Alphabetisierung der Menschen, die Sorge für die Armen. Entscheidungen werden nicht von oben nach unten gefällt, sondern aus dem Konsens der Menschen, in einem zirkulären, partizipatorischen Modell.

In der Schöpfungsspiritualität unterscheiden wir zwischen zwei Modellen der Spiritualität und der sozialen Organisation: »das Erklettern der Jakobsleiter« und »das Tanzen in Saras Kreis«. Das letzte Modell ist eines der Teilhabe, es ist kreisförmig, erdnah, egalitär und selbstheilend, es beruht auf eigener Motivation und eigener Organisation, wie das Universum selbst. Das Erklettern der Jakobsleiter ist in sich elitär, hierarchisch und auf Wettbewerb angelegt, denn nur wenige können es bis zur Spitze der Leiter schaffen. Es ist auch antiirdisch, Gott ist darin nur ein Himmelsgott, ein Überbleibsel patriarchalen und sexistischen Denkens in der Theologie. In der Praxis entspricht das Modell vom Tanz in Saras Kreis dem Modell der Basisgemeinden in der Befreiungstheologie. Das Modell von Saras Kreis paßt besser zu der Theorie eines sich selbst organisierenden Universums, während das Modell der Jakobsleiter besser zu der Newtonschen und vor-Newtonschen Sicht der Welt als einer flachen Scheibe paßt (niemand würde eine Leiter auf eine gekrümmte Oberfläche stellen). Eine zeitgemäße Kosmologie zieht in jedem Fall das Organisationsmodell nach Saras Kreis vor.

Außerdem wirkt die Schöpfungsspiritualität von der Basis her, indem sie versucht, in den ANAWIM – denjenigen, die ganz unten sind – Führungspotentiale zu erwecken. Kult und Lehre kommen nicht »von oben«, sondern entstehen aus der Erfahrung der Menschen. Diese Ermächtigung von der Basis her wird durch die Schöpfungsspiritualität gefördert, indem das Mystische in jedem Menschen ermutigt und durch Praxisangebote erweckt wird. Die Schöpfungsspiritualität hält daran fest, daß *alle* Menschen Mystikerinnen und Propheten sind und daß deshalb *alle* Menschen sowohl zu eigener Würde *als auch* zu Verantwortung und zu Führungsaufgaben berufen sind. Dies wird in der hauptsächlichen Mittelschichtkultur der »Ersten Welt« anders auszusehen haben als in den Kulturen der »Dritten Welt«, in denen die Trennung zwischen arm und reich oft sehr kraß ist. In den überentwickelten Ländern spielen beispielsweise akademische Grade eine größere Rolle, die es Menschen auch von der »Basis« – Frauen, rassische und ethnische Minderheiten, Laien der Kirche – ermöglichen, mit größerer Glaubwürdigkeit Zugang zu den religiösen, medizinischen, juristischen, politischen und Bildungsinstitutionen und zu den Medien zu finden. Seminare und Workshops der Erwachsenenbildung bieten die Möglichkeit, vielbeschäftigte Personen anzusprechen, die vielleicht schon als Anwältinnen oder Lehrer, Künstlerinnen oder Geistliche, Ärztinnen oder Beamte in einflußreichen Positionen sind und so eine neue Vision erhalten, mit der sie ihre Arbeitswelten umgestalten können. Mit Hilfe solcher Workshops können Berufstätige ein altes Paradigma aufgeben und nach neuen suchen. Eckhart sagt: »Jemand arbeitet im Stall. Diese Person erlebt einen spirituellen Durchbruch, was tut sie? Sie geht wieder in den Stall.«

Die Bildung und Erziehung für den Wandel ist in der »Ersten Welt« mehr eine Frage der *Infiltration* als in der »Dritten Welt«, wo die Möglichkeiten des sozialen Einflusses viel geringer sind. Viele schöpfungsspirituell Bewegte gehen wieder in ein aktives Gemeindeleben, während andere sich dafür entscheiden, alternative Bildungs- und Gottesdienstgruppen aufzubauen, indem sie aus der zuvor herabgewürdigten Spiritualität wieder Rituale entstehen lassen. In der »Ersten Welt« sind die Basisgemeinden nicht so deutlich sichtbar wie in der »Dritten«. Das ist nichts Schlechtes, sondern einfach Folge einer anderen Ausgangslage. Die Arbeit für ein alternatives Paradigma muß in der überentwickelten Welt oftmals subtil verlaufen, als ein stilles Ferment in den Gesellschaftsstrukturen der Medien und der Erziehung, der Wissenschaft und Wirtschaft, der Politik und Religion, des Gesundheitswesens und der Psychologie.

Die Basisgemeindenbewegung erinnert alle Menschen beständig daran, daß das Leben ohne Gemeinschaft kein Leben ist und daß Gemeinschaft darauf beruht, gemeinsame Werte in die Praxis umzusetzen, und nicht auf dem Zwang, zusammen Geld zu verdienen und auszugeben. Der Geist wirkt durch die Gemeinschaft und oft genug durch ihre »Geringsten«. Saras Kreis und nicht Jakobs Leiter herrscht vor. Wir müssen alle der Erde nahe bleiben, nahe an unseren Wurzeln, um lebendig und des Geistes voll zu sein. Tun wir das nicht, sondern verfallen wir in das Leiterklettern und die Erfolgssucht, dann kann der Geist nicht durch uns wirken.

Die Basisgemeinden sind die Zellen des Organismus, der in Lateinamerika als die »Kirche des Volkes« bekannt ist. Sie sind basisbezogener als Ortsgemeinden, die nicht den Geschichten, Kämpfen und Leidenschaften der Menschen entsprechen und ihnen nicht in dem Maße Kraft vermitteln, wie das die Erfahrung der Basisgemeinden kann. In solchen Basisgemeinden ist das Gemeinschaftserlebnis wichtiger als die in sonstigen Gemeinden meist betonte soziale Angepaßtheit. Boff stellt die Frage: »Dürfen wir uns erheben und die Hoffnung nähren, daß eines Tages die ganze Kirche in eine Gemeinschaft verwandelt wird?« Und er sagt weiter, daß das neue Phänomen der Basisgemeinden »gerade erst beginnt, noch im Prozeß begriffen ist. Es ist noch keine erreichte Wirklichkeit. Pastoren und Theologen, habt acht! Achtet den neuen Weg, der am Horizont auftaucht. Versucht dieses Phänomen nicht in theologisch-pastorale Kategorien einzuordnen, die aus anderen Zusammenhängen stammen oder aus anderen kirchlichen Erfahrungen. Nehmt vielmehr die Haltung derer an, die sehen, verstehen und lernen wollen«.

Historisch gesehen war der Mangel an ausgebildeten Amtsträgern (Priestern und Ordensschwestern) ein wichtiger Anstoß für die Basisgemeinden in Lateinamerika. Dieser Mangel wird mit der Bevölkerungszunahme in der »Dritten Welt« größer, auch weil immer weniger Menschen in der Welt sich der rein männlich bestimmten, zölibatären katholischen Priesterschaft anschließen wollen. In den Basisgemeinden, die Wert auf Führung von unten legen, erschafft der Geist eine ganz neue Kirche, von der auch unsere Vorstellungen von Amt und Priesterschaft umgekrempelt werden – eine neue Welle geistlicher Führung.

Basisgemeinden in den überentwickelten Staaten

Für diejenigen, die in Staaten der »Ersten Welt« leben, ergibt sich folgende Frage: Wo erleben wir das Entstehen unserer eigenen Art Basisgemeinden? Entstehen sie, historisch und soziologisch gesehen, auch aus den Bedürfnissen des Volkes? Ich glaube, daß das auch bei uns der Fall ist, daß der Geist auch in den überentwickelten Völkern noch weht und daß der Geist hier am sichtbarsten aus den Wunden der Bedrückten wirkt.

In San Diego hielt ich mehrere Vorträge und Workshops zum Thema »Die Schöpfungsspiritualität: eine hoffnungsvolle Bewegung in einer verzweifelten Zeit«. Die Veranstaltungen waren gut besucht, da sie von verschiedenen Bewegungen und Gruppierungen organisiert worden waren, darunter der Society of Friends (Quäker), der Universität von San Diego, der United Campus Christian Ministries und anderer. Nach dem letzten Vortrag stand ein weißbärtiger Mann auf und sagte: »Ich lebe nun schon mehr als fünfzig Jahre in dieser Stadt, und diese Woche sehe ich zum ersten Mal alle sozialen Erneuerungsbewegungen der Stadt zusammen – die ökologischen, feministischen, die Friedensbewegung, die Schwulen und Lesben, die kirchlichen Gruppen, Psycho-Gruppen und so weiter.« Diese Feststellung beeindruckte mich sehr und zeigte mir, wieviel die Bewegung der Schöpfungsspiritualität zur Vereinigung verschiedener Befreiungsbewegungen beitragen kann. Die Schöpfungsspiritualität kann einen gemeinsamen Boden und eine gemeinsame Sprache bieten, innerhalb derer viele verschiedene Gemeinschaften Hände und Köpfe, Energien und Aktionen zusammenbringen können, um den Geist zu befreien und die Vision zu entwickeln, die wir für eine wirksame Transformation brauchen. Die Schöpfungsspiritualität ist ökumenisch und ruft auf zur mystischen Reise, die uns allen bevorsteht. Sie ist nicht elitär und beruht auf den tiefsten Erfahrungen der Freude und des Leidens, der Kreativität und des Mitgefühls gewöhnlicher Menschen. Deshalb kann sie gut als eine Art Dachbewegung dienen, um Künstler und Wissenschaftlerinnen, Psychologen und Menschen von der Straße, Mystiker und Aktivistinnen für Gerechtigkeit und Ökologie, Indianer, Schwarze und Weiße zu einem größeren Kreis zusammenzubringen. Spiritualität kann unser aller Boden sein.

Ich nenne nun einige Beispiele für entstehende Basisgemeinschaften in der »Ersten Welt«. Nicht alle von ihnen sind ausdrücklich christlich, aber alle sind offensichtlich spirituell. Viele praktizieren Tiefenökumene und führen andere darin ein.

HOSPIZE

Hospize verdienen als Basisbewegung bezeichnet zu werden, weil sie die unterschiedlichsten Menschen um die gemeinsame Aufgabe der Auseinandersetzung mit dem Tode versammeln. Sterbenden wird eine menschliche Umgebung geschaffen, in der sie ihr Leben würdig beenden können. Notwendigerweise müssen sich Hospize mit spirituellen Fragen beschäftigen wie Angst und Verdrängung, Heilung und Versöhnung, Freude und Loslassen. Kreativität und meditative Kunst bilden einen wichtigen Teil in der Hospizarbeit. Hospize bemühen sich darum, die Verdrängung des Todes aufzuheben, die in unseren überentwickelten Staaten vorherrscht, wo der Konsum und der Materialismus das Leben und sein Geheimnis banalisieren. In einem Rahmen, der größer ist als die Lebensentwürfe aller einzelnen Menschen, begegnen sich Alte und Junge, Gesunde und Kranke, Arme und Wohlhabende zu einer echten Gemeinschaftserfahrung. Im Rahmen der Hospize verzichten die Leute auf ihren Status auf der Jakobsleiter und schließen sich dem Tanz in Saras Kreis an, den der Tod uns allen nahelegt.

ANONYME ALKOHOLIKER (AA-Gruppen)

Die AA-Gruppen und ihre Ableger wie die Erwachsenen Alkoholikerkinder, die Overeaters Anonymous und so weiter dienen ebenfalls nach dem Modell von Saras Kreis der Heilung. Ihr gemeinsamer Boden sind die gegenseitig erzählten Geschichten. Einzelne und Gruppen finden Kraft in der gemeinschaftlichen Trauer und dem Leid, das die Süchte bei den Betroffenen, ihren Familien und Freunden hervorrufen. Sie dienen einander, indem sie sich zuhören, wenn eine Suchtkrise auftritt. So entsteht aus ihren Verwundungen Kraft.

Die AA-Gruppen können kritisiert werden, weil sie ein äußerst patriarchales Gottesbild und die dementsprechende Sprache pflegen und sich fast nur auf das »Wort« verlassen, wo auch andere Heilungsrituale eingesetzt werden könnten. Außerdem gibt es bei ihnen so gut wie kein politisches, feministisches und soziales Bewußtsein. Diese Schwächen verweisen einfach auf die historischen und kulturellen Begrenzungen der Gründer dieser Bewegung. Dennoch hat die Bewegung Millionen von Menschen geholfen. Diejenigen, die die aus dieser Bewegung entstandene Gemeinschaft lieben, kritisieren sie auch und erneuern sie auch mit Hilfe einiger Beiträge seitens der Schöpfungsspiritualität.

SELBSTHILFEGRUPPEN

Selbsthilfegruppen lehnen sich ebenfalls an das erfolgreiche Modell der Heilung in Gruppen von Betroffenen an, das die AA-Gruppen eingeführt haben. Solche Selbsthilfegruppen dienen im Leben vieler Menschen als wesentliche Basisgruppen, angefangen bei Künstler/innen-Selbsthilfe über Vietnam-Veteranen, Frauenhäuser und Inzestopfergruppen bis zu den verschiedenen Gruppen der Frauen- und Männerbewegungen. Alle diese Gruppen, so meine ich, können von einigen der Perspektiven und Methoden der Schöpfungsspiritualität profitieren.

FRAUENKIRCHE

Die Frauenkirche tritt immer mehr als eine Basisbewegung für diejenigen hervor, die nach »heilenden Primärgemeinschaften« suchen. Sie gehen über die Praktiken der institutionalisierten Kirchen hinaus, die zu oft eher einen Rahmen der Sünde als der Erlösung bieten und deren Kultformen aufgrund ihrer Hierarchie und ihres Sexismus entfremdend wirken, wie Rosemary Ruether es sagt. Die Frauenkirche versucht nicht, eine eigene Sekte oder eine sich abspaltende Bewegung zu werden, sondern gewinnt Aspekte der biblischen Spiritualität zurück, geht ihr auf den Grund und über sie hinaus und bietet so für Frauen wie für Männer eine Reise zur Befreiung von der patriarchalen Religion an. Diese Vision wird den Menschen hoffentlich mehr bieten als die Hoffnungen des modernen männlichen Liberalismus und Sozialismus. Wie auch die Schöpfungsspiritualität beruht die Bewegung der Frauenkirche nicht ausschließlich auf der Bibel als Ausgangspunkt, wie die Befreiungstheologie es oft tut. Sie ist vielmehr ökumenisch und umfaßt Frauen aus protestantischem, römisch-katholischem und jüdischem Hintergrund.

SCHWULE UND LESBEN

»Dignity« nennt sich die US-amerikanische Basisgemeinden-Bewegung der schwulen und lesbischen Katholik/innen, die trotz der fortwährenden Angriffe seitens des Vatikans in der Kirche geblieben sind. Die Mitglieder von Dignity halten Liturgien mit und ohne Teilnahme von Priestern ab, denn es kann für Priester riskant sein, an Veranstaltungen von Dignity teilzunehmen. Sie bieten einander Unterstützung, indem sie sich ihre Geschichten und Erfahrungen mitteilen. Besonders beschäftigt Dignity sich mit der Heuchelei, die sie bei vielen Kirchenmännern wahrnehmen, die selbst homosexuell sind, aber Regeln aufstellen oder ausführen, die den Dämonen der Homophobie neue Nahrung geben. Zur Arbeit von Dignity gehört es, die Öffentlichkeit über ihre Homophobie aufzuklären. Aber ihre wichtigste Arbeit besteht darin, ihre eigene internalisierte Unterdrückung zu überwinden. Wenn Homosexuelle das Wertesystem einer homophobischen Gesellschaft in sich aufnehmen, werden sie selbst zu ihren schlimmsten Feinden. Deshalb wendet Dignity die biblische Aufforderung »liebet eure Feinde« gerade auch auf Schwule und Lesben selbst an. Mitglieder gesunder Dignity-Gemeinschaften wenden sich anderen unterdrückten Gruppen mit viel tieferem Mitgefühl zu. Dadurch vermeiden sie, selbst zu einer Art Sekte zu werden.

REEVALUATION COUNSELING

Reevaluation Counseling ist eine beeindruckende weltweite Bewegung, die sich mit den seelischen Leiden bei allen möglichen Formen der Unterdrückung auseinandersetzt, den Wunden von Gewerkschaftler/innen, Juden, Katholiken, Afroamerikaner/innen, Indianer/innen, Frauen, Kriegsveteranen und so weiter. Es handelt sich um eine echte Basisbewegung, in der Geschichten geteilt und kritische Konzepte angewendet werden, um sich die internalisierte Unterdrückung bewußter zu machen. Die Reisen, die einzelne dabei zu ihrer Heilung und Ganzheit antreten, sind echt und tief. Das Ergebnis der Treffen, Schriften und Hilfen dieser Bewegung ist echtes Mitgefühl als Fähigkeit, das Leiden anderer Menschen ebenso wie das eigene zu verstehen und damit umzugehen. Im Unterschied zu vielen anderen »psychologisch« orientierten Gruppen kann diese Bewegung eine ausgearbeitete Kosmologie und ein hochentwickeltes soziales Bewußtsein vorweisen.

»CALL TO ACTION« UND DIE BEWEGUNG 8. MAI

Die Nationale Konferenz der katholischen Bischöfe Amerikas stiftete 1976 eine Art nationalen Pastoralrat für die amerikanische katholische Kirche mit dem Namen »Call to Action«. Viele Personen von der Basis äußerten darin ganz im Geiste amerikanischer Demokratie ihre Ansichten über Fragen von Kirche und Gesellschaft. Doch der progressive Ton der Gruppe irritierte die Bischöfe, die den Prozeß daraufhin eingehen ließen. Er verschwand jedoch nicht, sondern wurde von einer in Chicago aktiven Gruppe unabhängig weitergetragen. Diese Gruppe ist inzwischen mehrere tausend Mitglieder stark, drängt auf Reformen innerhalb der Kirche und knüpft Verbindungen mit anderen Erneuerungsbemühungen an der Basis.

In gewisser Hinsicht ähnelt das Wiedererstehen der »Call to Action« in den USA der Bewegung 8. Mai (EMM) in Holland, und es könnte sein, daß beide Bewegungen verschmelzen. Die holländische Bewegung, die sich als »anderes Gesicht der Kirche« bezeichnet, erhielt ihren Namen von dem Tag, an dem Papst Johannes Paul II. im Jahre 1985 Holland besuchte. Zu diesem Zeitpunkt erklärten die niederländischen Bischöfe, daß nur »loyale Katholiken« vor dem Papst sprechen dürften. Der bekanntesten feministischen Theologin des Landes, Professorin Catharina Halkes, wurde untersagt, für die katholische Frauenorganisation zu sprechen. Als Antwort wurde die EMM ins Leben gerufen. Mehr als zehntausend Menschen nahmen am ersten Treffen teil, und über hundert Organisationen, Bewegungen und Gruppen gehören zur EMM. Ihr ausdrückliches Ziel ist es, »der Kirche Christi in den Niederlanden das Gesicht zu verleihen, wie es sich in Bewegungen und Gruppen zeigt, die nach einem neuen Verständnis des befreienden Evangeliums suchen, sich davon leiten lassen wollen und sich für eine Welt der Gerechtigkeit und des Friedens einsetzen wollen«. Diese Gruppierung hat sich mit Frauenrechtlerinnen, homosexuellen Priestern und denjenigen Theologen solidarisiert, die ein neues Verständnis der Sexualität und Intimität in der Kirche fordern, mit ökologischen Bewegungen und Studiengruppen, die sich mit Kosmologie und Befreiung beschäftigen. Viele Mitglieder dieser Bewegung arbeiten mit AIDS-Kranken, mit Obdachlosen, Hungernden und Prostituierten.

BILDUNG VON BASISGEMEINDEN NACH LATEINAMERIKANISCHEM VORBILD

Es gibt Bestrebungen, innerhalb der nordamerikanischen Gemeindestrukturen Basisgemeinden aus Lateinamerika nachzubilden, besonders in Gemeinden mit hohem spanischstämmigem Anteil, wie etwa St. Pius in Chicago. Es ist vielleicht noch zu früh, die Wirkung dieses Experiments einzuschätzen. Aber es scheint ein ernsthafter Versuch zu sein, Leben unter diejenigen US-amerikanischen Katholiken zu bringen, die nicht der Mittelschicht angehören und sich nach einer Gemeinschaftserfahrung sehnen, die über die Forderung nach sozialer Anpassung hinausgeht. Dadurch, daß der Nachschub an zölibatären Priestern geringer wird, bleiben immer mehr Gemeinden ohne Priester. Ironischerweise ergeben sich daraus neue Führungsformen durch Schwestern, Laiinnen und Laien und verheiratete Priester. Diese Kommunen können in vielfacher Hinsicht als Basisgemeinden verstanden werden.

»FRIENDS OF CREATION SPIRITUALITY«
(Freunde der Schöpfungsspiritualität)

Die »Friends of Creation Spirituality« verfügen zur Zeit über mehr als hundert »regionale Verbindungspersonen«, die von Basisgruppen in Australien, Neuseeland, Kanada, Irland, England und den USA aus arbeiten. Diese Gruppen veranstalten Rituale und Workshops und bieten einen Rahmen, in dem Menschen sich ihre Geschichten erzählen können, in dem Gemeinschaft gefördert wird und die Themen und Vorstellungen der Schöpfungsspiritualität stärker ins Bewußtsein gebracht werden. Der leitende Direktor des ICCS, des *Institute for Culture and Creation Spirituality*, bezeichnet diese Bewegung nach einem Ausdruck von Saul Alinsky als eine »informelle Nichtorganisation«. Je mehr Menschen sich durch den Mangel an spirituellen Visionen in Kirche und Gesellschaft entfremdet fühlen, um so mehr solcher Gruppen organisieren sich selbst und wachsen. Sie fühlen sich durch die Vision der Schöpfungsspiritualität, durch ihre Praxis und ihr Potential angeregt, anderen sozialen Erneuerungsbewegungen eine Vision zu bieten. Keine dieser Gruppen ist von oben her entwickelt worden, alle entstanden sie von der Basis aus, wo die Menschen leben, kämpfen und beten.

ANGLIKANISCHE UND PROTESTANTISCHE GEMEINDEN

Die anglikanischen und protestantischen Gemeinden stellen in der überentwickelten Welt ebenfalls Institutionen mit gewaltigem Potential dar. Die Kirche der Schwarzen zum Beispiel hat in der Geschichte die Gemeinschaft angesichts der Unterdrückung und des Rassismus um sie herum zusammengehalten und erneuert. Leider kann die Kirche der Schwarzen heute diese prophetische Aufgabe vielerorts nicht mehr erfüllen, weil die schwarzen Jugendlichen wegen der Arbeitslosigkeit und ihrer verzweifelten Lage eher auf die Banden und das schnelle Geld im Drogenhandel zählen. Wo die schwarze Kirche aber noch lebendig und intakt ist, wie in einigen Stadtteilen zum Beispiel, da bildet sie eine Basisgemeinde zur Befreiung der Menschen.

Ich sehe bei den protestantischen und anglikanischen Gemeinden ein großes Potential an Stätten der Entwicklung von schöpfungsspirituellen Basisgemeinden. Sie sind nämlich häufig kleiner als die römisch-katholischen Gemeinden, die sich um die wenigen verbliebenen zölibatären Priester herum sammeln. Von daher können sie mehr Nähe unter den Menschen schaffen, in der die Geschichte einer jeden erzählt und gehört werden kann. Daraus folgen Gemeinschaft und Solidarität. Da dort auch Frauen auf der Kanzel stehen und Rituale leiten, entsteht ein echtes Interesse an und ein Bedürfnis nach Kosmologie, Mystik und wirksamen Ritualen. Lange Zeit hindurch sind viele Protestanten ihrer mystischen Wurzeln beraubt gewesen und fordern nun, wieder zu diesen zurückzukehren. Es entsteht eine Spiritualität, die dem protestierenden und prophetischen Charisma ihrer Tradition entspricht.

Deutlicher als die geographisch strukturierten katholischen Gemeinden setzen sich die evangelischen Kirchen der USA aus freiwilligen Gemeinschaften zusammen. Wer nach der Schöpfungsspiritualität sucht, kann hingehen und sie finden. So wie der Katholizismus sich in öffentlichen Streitigkeiten zwischen Vatikan und solchen Theologen engagiert, die sich für Befreiungstheologie und schöpfungsbezogene Spiritualität engagieren, so haben die Protestanten auf lokaler Ebene mit Aufruhr zu rechnen, weil sich ein großer Teil ihrer inneren Auseinandersetzungen auf dieser Ebene abspielt. Das ist an sich nicht schlecht, denn eine Basisgemeinde wird immer kleiner sein als eine Ortsgemeinde. Wenn sie sich aber um gemeinsame Werte, Rituale und praktischen Einsatz für Gerechtigkeit sammelt, wird sie sehr stark sein. Man denke nur an die beeindruckenden Leistungen der Erlöserkirche in Washington, der Wellington-Kirche in Chicago oder der Community Christian Church in Tiburon, Kalifornien. Der Pastor der Wellington-Kirche schreibt: »Institutionelle Kirchen, wie wir sie kennen, sind für Menschen in Krisensituationen keine angemessenen religiösen Zentren.«Ich glaube, daß wir von protestantischen und anglikanischen Gemeinden, die sich als schöpfungsspirituelle Basisgemeinden erneuern, einen wahren Ausbruch an geistiger Erneuerung mystisch-prophetischer Art erwarten können.

CATHOLIC WORKER HOUSES

Ein weiteres Beispiel für Basisgemeinden in der »Ersten Welt« sind die »*Catholic Worker Houses*« [nicht identisch mit der Katholischen Arbeiterbewegung in Deutschland, d. Üb.]. Diese Gemeinschaften wurden Mitte der dreißiger Jahre von Dorothy Day ins Leben gerufen, sie stehen unter Leitung von Laien und setzen sich aus Menschen zusammen, die mit den Armen leben und arbeiten wollen. Sie bieten Stätten der Gastfreundschaft, in denen die Linderung des Leidens anderer an erster Stelle steht. Da sie sich in den armen Vierteln der Städte eingerichtet haben, sind sie gerade für junge Leute attraktiv, die ein Leben nach einer geistigen Vision suchen. Unter ihren »Graduierten« finden sich einige der prophetischsten Stimmen des US-Katholizismus wie die Berrigan Brüder, Michael Harrington und Thomas Merton. Alternative Rituale bilden einen regulären Teil der gemeinschaftlichen Bibeltreffen, und das Herz der Bewegung ist die radikale Praxis des Evangeliums, inspiriert von den Worten und dem Vorbild Dorothy Days.

In diesem Modell des einfachen Lebens und des Einsatzes für die Armen liegt die Saat der geistigen Erneuerung religiöser Orden oder entsprechender Gemeinschaften. Es spricht wohl einiges für die Annahme, daß die meisten religiösen Orden wie die *Catholic Worker Houses* begonnen haben: als eine Art geistiger Zufluchtsort für spirituell und politisch Heimatlose, besonders unter der Jugend. Schon Benedikt hat auf diese Weise sein Leben als ein Hirte in einer Höhle auf dem Lande begonnen, nachdem er die römische Korruption verlassen hatte. Das gleiche gilt für Franz, der den Wohlstand seines Vaters zugunsten einer Gruppe armer Brüder ablegte; und auch für Dominik, der die Privilegien eines Mönches und der kanonischen Regeln abwies, um sich auf die entstehende Welt der Städte und Universitäten einzulassen. Jedes dieser Beispiele zeugt für den Geist der Basisgemeinden, der einst die religiösen Orden der katholischen Kirche inspirierte. Diese Vision geht verloren, sobald die Option für den Erfolg und die Institution sich durchsetzt. Mir scheint, der Schlüssel für die Wiederentdeckung des wahren Geistes dieser frühen Orden findet sich im zeitgenössischen Kampf um ökologische Gerechtigkeit, um die Rechte der Frauen und um soziale und kirchliche Menschenrechte. Gerade letztere erfordern die Vision von nachklerikalen Basisgemeinden. Dorothy Day hat, vielleicht unbewußt, eine solche Vision verkörpert.

TIEFENÖKOLOGISCHE GEMEINSCHAFTEN

Das Bewußtsein der Gefahr für die Erde erwacht in immer mehr Menschen, die nach alternativen Lebensweisen suchen und verantwortungsvoller mit unseren natürlichen Ressourcen umgehen wollen. Ein Weg dazu ist das Leben in Gemeinschaften; und je mehr das ökologische Bewußtsein unsere pädagogischen, politischen, ökonomischen und religiösen Strukturen durchdringt, um so mehr Menschen schließen sich zu solchen Gruppen zusammen. An den gemeinsamen Kampf für ökologische Gerechtigkeit gebunden, stellen sie eine neue und zukunftsweisende Art von Basisgemeinden dar.

BERUFSGRUPPEN ALS BASISGEMEINDEN

In der überentwickelten Welt ist die Mittelschicht der Schlüssel für soziale Veränderungen, und der Schlüssel zur Mittelschicht ist die Arbeit und die Bildung. Wir könnten das Leben der Mittelschicht wohl dadurch kennzeichnen, daß es in der Ausbildung für den Beruf besteht, der Berufstätigkeit selbst und der Erholung davon. Der Schlüssel zur Veränderung ist die Veränderung unserer Arbeitswelt, besonders im akademischen Bereich. Immer mehr Berufstätige spüren heute die Unangemessenheit der Modelle, nach denen ihre Arbeitswelt gestaltet ist. Zusammen mit Gleichgesinnten können sie in ihren Tätigkeitsbereichen Basisgemeinden bilden, die mit ihren Ritualen, der neuen kosmischen Geschichte und der Mystik wieder ein Denken mit dem Herzen in die Arbeitswelt bringen. Von all den angeführten Basisgemeinden scheinen sie mir die größten Wandlungsmöglichkeiten zu versprechen, denn die Arbeit ist der Ort, an dem wir unsere Gabe an die Gemeinschaft zurückgeben. Wer die Arbeitswelt verändert, verändert die Welt.

Ein solidarisches Amerika

Die Beispiele der gemeinsamen Interessen zwischen den Kirchen des ganzen amerikanischen Kontinents unterstreichen meine These, daß es Zeit dafür wird, daß die amerikanischen Völker ihre gegenseitige Geschichte sorgfältiger zur Kenntnis nehmen, die Kämpfe der je anderen im Lichte der eigenen betrachten und zusammenzuarbeiten beginnen.

Das wird besonders gut möglich auf der Ebene der Ecclesiogenesis, der Geburt einer neuen Art, Kirche zu sein, und einer gemeinsamen geistigen Neugeburt, einer Spiritualität der Schöpfung. Indem sie diesem Ruf folgt und auf die Zeichen der Zeit, der Erde und ihres Schöpfers reagiert, könnte eine Kirche beider Amerika der europäischen Kirche viele Gaben zurückgeben und als eine Brücke zwischen West und Ost sowie zwischen den nördlichen und südlichen Kirchen in Afrika, Australien und Neuseeland dienen. Einige dieser weiterzugebenden Gaben könnten sein: die geistige und mystische Verbindung mit der Natur; die Theologie des Kosmischen Christus, die eine Verbindung zwischen Wissenschaft, Kunst und Mystik bildet; das

Motiv der Befreiung nicht nur der Kirchen Lateinamerikas, sondern auch derjenigen der ehemaligen Sklaven in den Kolonien, unter anderem in den nordamerikanischen Kolonien, die gegen die englische Vorherrschaft kämpften; die Bereitschaft, an der Weisheit der Naturvölker teilzuhaben, der keltischen Völker und der Frauen (die feministische Bewegung in den USA ist theologisch die fortschrittlichste Bewegung der Welt); die Verwirklichung von Demokratie auch in kirchlichen Strukturen, wie das besonders bei protestantischen und anglikanischen Gemeinden der Fall ist; die Betonung von Praxis und Erfahrung; das Drängen nach einer »Neuen Schöpfung«; der prophetische Geist der Mystiker und Mystikerinnen sowie der Reformatoren und eine eschatologische Vision der verwundeten Erde (Gaia), die sich nach Heilung sehnt.

Diese Gaben sind nicht spezifisch amerikanisch, sondern repräsentieren vieles, was in der europäischen Christenheit im Laufe der Jahrhunderte verlorengegangen ist. Sie sind Teil der eschatologischen Hoffnung und Praxis der Kirche überall auf der Welt. Deshalb geht es bei der Ecclesiogenesis, die mir vorschwebt, nicht um ein Schisma, sondern um eine Erneuerung der Vision, der Praxis und der Strukturen. Als zeitgenössische Bewegungen in je unterschiedlichem kulturellem, geographischem und historischem Kontext sind Befreiungstheologie und Schöpfungsspiritualität als Instrumente zu globalem Wandel und Heilung berufen.

In Kirche oder Gesellschaft kann es aber ohne *moralischen Mut* keine Renaissance geben. Und besonders darin haben uns die Völker Südamerikas viel zu lehren. Ich erinnere mich daran, wie ich an einer Liturgie mit Bischof Pedro Casadaglia und den achtzig kirchlichen Helfern teilgenommen habe, die ihm bei seiner Arbeit unter den Amazonasindianern in Brasilien zur Seite stehen. Das Thema der Liturgie war »unsere Märtyrer«, und alle Anwesenden standen einzeln auf und zündeten eine Kerze an, während sie je die Namen von zwei Mitarbeiterinnen oder Mitarbeitern nannten, die gefoltert und ermordet worden waren. Es war ein sehr bewegender Abend. Hinterher erklärte mir ein Mann, daß das Problem darin bestanden hätte, die Zahl der Genannten auf je zwei zu begrenzen: »Ich kenne wenigstens zehn«, sagte er. Die südamerikanische Kirche ist in unserer Zeit wahrlich eine »Kirche der Märtyrer/innen«, mit Tausenden von ermordeten Bauern und Gewerkschaftlern in Mittelamerika, um nur ein Beispiel zu nennen. Der Film »*Romero*« erinnert an das Geschehen um Erzbischof Oscar Romero und die Geistlichen, die in El Salvador zu Märtyrern gemacht wurden. Sechs weitere Jesuiten sowie ihre Haushälterin und deren Tochter müssen der Liste der Märtyrer/innen hinzugefügt werden. Besucht man die Katakomben in Rom, dann wird einem klar, was für eine große Rolle das Zeitalter der Märtyrer/innen im Bewußtsein der europäischen Christenheit gespielt hat. Doch ist diese Zeit vorbei – wer in Rom würde heute noch wegen seines Glaubens gemartert? Der Mut als Gabe des Geistes wird an Orten wie Lateinamerika erneuert, und das Blut der Märtyrer/innen ruft alle Menschen überall auf, aufzustehen und sich bemerkbar zu machen.

Auch Menschen der »Ersten Welt« zählen zu den Märtyrerinnen und Märtyrern, wie etwa die Frauen in El Salvador oder Martin Luther King und andere, die im Norden umgebracht wurden. Doch ist in der »Ersten Welt« die Wahrscheinlichkeit geringer, daß moralischer Mut zum physischen Tode führt. Nichtsdestoweniger gibt es hier andere »Tode«, die in den überentwickelten Staaten diejenigen riskieren, die für Gerechtigkeit einstehen: der Verlust des Rufes oder des Arbeitsplatzes, Verständnislosigkeit und Nachrede, Neid und Verketzerungen, Verhaftungen und kirchliche Angriffe. Offenbar sind moralischer Mut und Befreiung im Norden wie im Süden nötig, in über- und unterentwickelten Staaten; und die Kirche muß aus dem tiefen Erleben beider neu geboren werden. Sind nicht alle von uns aufgeworfenen Fragen Ziele für eine Befreiung? Die Menschen im Süden lernen vom Norden eine neue Kosmologie; wir Menschen des Nordens müssen von unseren südlichen Schwestern und Brüdern Mut lernen.

Die Amerikaner/innen müssen sich mit der Tatsache beschäftigen, daß das Konzept der Befreiungstheologie nicht erst in diesem Jahrhundert in Lateinamerika entstanden ist. Vielmehr schufen die Sklaven der Nordamerikaner vor Jahrhunderten die erste »Befreiungstheologie« Amerikas, als sie die Geschichte von Moses hörten, der sein Volk aus der ägyptischen Knechtschaft führte. Diese Theologie wurde hauptsächlich in Liedern weitergegeben, und wir können sie noch in vielen Spirituals der Schwarzen hören.

Es wird Zeit, uns einige unserer bekannten Bibelstellen noch einmal neu anzuschauen.

Ein nacherzähltes Gleichnis

Im Lukasevangelium lesen wir von einem reichen und einem armen Mann, dessen Name Lazarus war. Ich bringe das Gleichnis folgendermaßen auf den Stand unserer Zeit:

Es gab Bürger eines reichen Volkes, die daran gewöhnt waren, sich täglich so zu kleiden, wie sie Lust hatten, und sich jedes gewünschte Auto zu kaufen, das unsagbare Mengen an Gasen ausstieß. Diese Menschen aßen Fleisch in Schnell-Imbissen, wann immer sie wollten, und bauten um das Fleischessen eine ganze Industrie auf, selbst wenn diese dadurch wuchs, daß in entfernten armen Ländern Regenwälder niedergerissen wurden, und selbst als ihnen erklärt wurde, wie sehr sie und ihre Kinder von diesen entfernten Regenwäldern abhingen.

An den südlichen Grenzen des reichen Landes lagen nun viele arme Länder, die man als »Dritte Welt« bezeichnete. Diese waren bedeckt von den Wunden der Armut, der Arbeitslosigkeit, des Nahrungsmangels und der medizinischen Unterversorgung sowie der Schulden an die Reichen. Ein großer Teil ihrer Ländereien, ihres Bodens und ihrer Wälder waren von den Konzernen derer verwüstet worden, die die Diktatoren und ihre Militärmacht unterstützten. Zu diesen Wunden der »Dritten Welt« gehörten fünfhundert Millionen Hungernde, eine Milliarde in absoluter Armut lebender Menschen, eineinhalb Milliarden Menschen ohne

Zugang zu medizinischer Grundversorgung, eine halbe Milliarde Menschen ohne Arbeit und mit einem Einkommen von weniger als 150 Dollar im Jahr, 814 Millionen Analphabeten, zwei Milliarden Menschen ohne zuverlässige Wasserversorgung, die Auslöschung von Wäldern und die Bodenerosion. Diese und mehr Wunden wurden den reichen Nationen täglich gezeigt, aber sie wendeten sich ab und taten so, als sei dieses Leid »keine Meldung wert«. Sie bauten eine Kultur der Verdrängung auf und ließen die Hunde die Wunden der Armen lecken.

Jahrelang verlangte die »Dritte Welt« nach den Krumen, die vom Tische des reichen Volkes abfielen. Die größte Unterstützung, die die »Dritte Welt« von der »Ersten« erhielt, bestand aber in Waffen und Geld für die Diktatoren und ihre Armeen, die gebraucht wurden, die unglücklichen Menschen an der Rebellion zu hindern. Das reiche Volk bildete die Armeen der Armen sogar in effektiven Foltermethoden aus. Die Bürger des reichen Volkes bekamen Früchte und Kaffee und Zucker und Kakao und schließlich auch Kokain und andere Drogen, um all ihre unersättlichen Bedürfnisse zu erfüllen.

Und die armen Völker starben und wurden von den Engeln in Abrahams Schoß getragen. Auch die Bürger des reichen Volkes starben und wurden begraben.

In ihrer Qual in der Hölle schauten sie auf und erblickten Abraham weit entfernt und die »Dritte Welt«, die von den Toten direkt in Abrahams Schoß getragen worden war. Und sie riefen: »Vater Abraham, habe Erbarmen mit uns, sende die ›Dritte Welt‹, daß sie einen Finger ins Wasser tauche und unsere Zunge kühle, denn die Flammen schmerzen uns.«

»Mein Kind«, antwortete Abraham, »denke daran, daß du während deines Lebens gute Dinge bekommen hast, so wie die ›Dritte Welt‹ schlechte Dinge erfahren hat. Nun ersteht die ›Dritte Welt‹ hier auf, während du in Schmerzen bist. Aber das ist nicht alles: Zwischen euch und uns ist ein großer Abgrund gelegt, der sich weder von euch zu uns noch von uns zu euch überqueren läßt.«

Da antwortete das reiche Volk: »Vater, dann bitte ich dich, sende die ›Dritte Welt‹ zu den anderen Staaten der ›Ersten Welt‹, denn in unserem Bündnis gab es noch fünf Brudervölker – Japan, die Europäische Gemeinschaft, Kanada, Australien und Neuseeland. Sie sollen gewarnt werden, damit sie nicht auch an diesen qualvollen Ort kommen.«

»Sie haben Mose und die Prophetinnen und Propheten des Ostens und Westens«, sagte Abraham, »auf die sollen sie hören«.

»Ach nein, Vater Abraham«, sprach das reiche Volk, »nur wenn jemand von den Toten kommt, dann werden sie umkehren.«

Da sagte Abraham zu dem reichen Volk: »Wenn sie nicht auf Mose und die Propheten und Jesus hören, dann werden sie auch nicht überzeugt, wenn jemand von den Toten auferstünde.«

In diesem Buch habe ich im wesentlichen erklärt, daß der vorherrschende religiöse Boden, in den das Abendland das Christentum gepflanzt hat, erschöpft ist. Diejenigen, die immer noch der Botschaft des Mitgefühls und der Person Jesu und anderen abendländischen Prophet/innen folgen wollen, sind aufgerufen, eine Umpflanzung in reicheren Boden vorzunehmen. Die Kirche beider Amerika bietet in unserer Zeit eine Gelegenheit dazu, weil verschiedene historische Umstände in dieser Hemisphäre zusammenkommen. »Erste« und »Dritte Welt« begegnen sich direkt und werden, falls die Zerstörung der Erde und des Menschlichen nicht gestoppt werden kann, eine gemeinsame elende Zukunft teilen. Die größte christliche Konfession, der römische Katholizismus, ist in dieser Hemisphäre deutlich vertreten. Würde die amerikanische Kirche diesen historischen Augenblick ergreifen, zum Beispiel in Form der Bewegungen der Befreiungstheologie in Brasilien und der Schöpfungsspiritualität in den USA, dann könnten wir einen erneuerten Ausdruck religiöser Weisheit erleben.

Wenn ich eine »Kirche beider Amerika« fordere, so hat das nichts mit einem Schisma oder mit Lokalpatriotismus zu tun, sondern mit der Heilung des Planeten und unserer Völker, bevor es zu spät ist. Und es hat mit der Guten Botschaft zu tun, denn kein Volk, weder das römische noch das brasilianische oder das der USA, hat den Geist für sich gepachtet. Es hat auch zu tun mit einem Brückenschlag zwischen der schnell vergehenden europäischen Epoche des Christentums zu einer Epoche, in der die Spiritualität der Völker Asiens, Afrikas und Amerikas stärker vertreten sein wird. Es geht darum zu erkennen, daß die Europäer/innen sich um Europa kümmern müssen, daß aber die Menschen, die in der amerikanischen Hemisphäre leben, beginnen müssen, für Amerika zu sorgen. Warum lassen wir nicht zum Beispiel die Europäer einen »Marshall-Plan« für Osteuropa entwerfen und schaffen selbst einen für Lateinamerika?

Der Geist weht, wo er/sie will. Angesichts des historischen und geographischen Zusammenfließens in unseren Tagen könnte der Geist durchaus von den Völkern beider Amerika das große Werk einer geistigen Erneuerung erwarten.

9. Kosmologie als Befreiung
Die Lektion des Hiob

Ein Mensch, der die »dunkle Nacht der Seele« tief durchlebt hat, ist Hiob. Ohne erkennbaren Grund – denn er war ein guter und rechtschaffener Mann – wurde sein glückliches Leben in der Familie und in der Gemeinschaft völlig zerstört. Statt Ordnung herrschte Chaos, statt Freude Trauer, die Verzweiflung überwog die Hoffnung, der Ärger den Frieden und die Krankheit die Gesundheit. Auch seine Freunde wurden zum Teil des Problems, denn sie schoben seine Schwierigkeiten auf seine Sünden oder auf seine schlechte Theologie oder auf beides. Obwohl er ihren Theorien zuhörte, konnte er ihnen nicht zustimmen, und so brachte er seinen Fall vor die zuständige Instanz, vor Gott. Er glaubte, daß dies alles Gottes Werk sei, und er verlangte einige Erklärungen (30,19).

Mir scheint, daß Hiob in mancher Hinsicht die nördlichen Staaten unserer Zeit repräsentiert, die bequemer lebende, sogenannte »Erste Welt«. In diesen Kulturen ersetzt eine Art Chaos die Ordnung, Traurigkeit die Freude, Verzweiflung überlagert die Hoffnung, Ärger verbannt die scheinbar glückliche Zeit vor dreißig Jahren, und Krankheit untergräbt die Gesundheit. Diese Kulturen sind nicht der Meinung, daß sie für ihre Probleme selbst verantwortlich seien. Ihre Bemühungen, demokratisch zu leben und einen Atomkrieg zu vermeiden, haben sich in den vergangenen Jahrzehnten bezahlt gemacht. Und dennoch ist die »dunkle Nacht der Seele« über sie gekommen, seit sie der Umweltbedrohung gegenüberstehen, der verzweifelten Jugend und den Forderungen derjenigen zwei Drittel der Welt, die extrem leiden. Können wir aus der Geschichte Hiobs eine Lehre über die Befreiung ziehen (die sonst auch Erlösung genannt wird)?

Als Hiob seinen Fall bei Gott vorbringt, begegnet Gott ihm von Angesicht zu Angesicht und befragt ihn wie ein Staatsanwalt:

> Wo warst du denn, als ich die Erde gründete?
> Sage es, wenn du Bescheid weißt.
> Wer setzte ihre Maße? Du weißt es ja ...
> Wer verschloß das Meer mit Toren,
> als es schäumend dem Mutterschoß entquoll?
> Hast du dem Morgen geboten,
> dem Morgenrot seinen Ort bestimmt?
> Hast du der Erde Breiten überblickt?
> Sag es, wenn du das alles weißt.
> Erjagst du die Beute für die Löwin?
> Weißt du die Stunden, wann die Felsenziegen werfen?
> Kannst du dem Pferd die Stärke geben?
>
> Hiob 38, 4.8.12.18.39; 39, 1.19

Gott antwortet Hiob auf dessen »dunkle Nacht der Seele«, indem er ihm das Wunder des Universums vor Augen hält. Hiob wird ob dieser Anrede demütig – er lernt, wo sein Platz im Universum ist. Er antwortet:
»Ich bin zu gering. Was kann ich antworten? Ich lege meine Hand auf meinen Mund. Einmal habe ich geredet, ich tue es nicht wieder, ein zweites Mal, doch nun nicht mehr« (40, 4 f.).

Weiter fordert Gott Hiob mit der Frage heraus, ob er mit den Mächten und Ungeheuern des Universums kämpfen könne: »Fängst du Leviatan am Angelhaken, drückst seine Zunge mit dem Fangseil nieder? Kannst du mit ihm wie einem Vöglein spielen, ihn für deine Mädchen anbinden?« (40, 25.29)

Und wieder ist Hiob beschämt und gibt zu: »So sprach ich ohne Einsicht.«

Hier lernen wir, daß die Kosmologie, das Schauen der Wunder und Schrecken des Universums, zu klarem Denken und Erkennen der Dinge in ihrer richtigen Perspektive führt – und damit zur Umkehr. Hiob ist nicht nur ein leidendes Individuum, sondern er steht für das Elend seines Volkes. Warum müssen die Israeliten so leiden, warum nutzt Gott ihre Unschuld aus? Das Heil wird erneuert, als Hiob und seine Gemeinschaft ihr Elend im Lichte der ganzen Schöpfung betrachten. Da kehrt das Glück wieder in Hiobs Leben zurück. Seine Heilung ist nicht eine Frage von Sünde oder Schuld, sondern der *Perspektive*. In einer anthropozentrischen Sicht der Welt und des Verhältnisses zwischen Mensch und Gott konnte er keine Heilung finden. Die Heilung kam vielmehr mit dem Durchbruch zu einem kosmischen Bewußtsein. Könnte mit uns Erdenmenschen etwas Ähnliches geschehen, wenn wir – von der »dunklen Nacht der Seele« nahezu überwältigt – lernen loszulassen, umzukehren und alles neu zu sehen im Lichte der ehrfurchtgebietenden Geschenke des Universums?

Wie Hiob könnte auch unsere Spezies ein glückliches Ende für ihre Geschichte finden, wenn wir nur erkennen würden, was er erkannte: *daß seine Welt zu klein war*. Unsere Welt ist immer dann zu klein, wenn wir ohne eine Kosmologie leben oder Bildung, Religion, Politik und Wirtschaft ohne sie zu gestalten versuchen. Und wenn unsere Welt zu klein ist, dann ist es auch unsere Seele. Denn »unsere Seele ist die Welt«, sagte Eckhart. Unsere Seelen sind zu klein: das ist der Preis für die bloße Mensch-Bezogenheit unserer Zivilisation. Wie aber erweitern wir unsere Seele? Das Korrektiv unserer kurzsichtigen Weltanschauung ist die Kosmologie, und die Erfahrung der Ehrfurcht ist der Weg Gottes, um wieder einmal zu uns durchzudringen. Denn Ehrfurcht ist nicht nur das Wiedergeben von Segen für Segen, sondern auch der Augenblick des Durchbruchs, in dem alle Dinge in ihrem Glanz und ihrer Schönheit wiederentdeckt werden.

Ist nicht die Zeit gekommen, daß wir in unserem Bemühen, die Menschheit zu einem umfassenderen Ausdruck ihrer Bestimmung zu bewegen, die grundlegende moralische Frage stellen müssen: Wie können wir einander ehren? »Ehren« hat mit Achtung zu tun und kommt aus der Ehrfurcht. Spüren wir erst einmal Ehrfurcht gegenüber dem Universum und gegenüber unserem Dasein, ist es auch an der Zeit, einander zu ehren.

Wie können wir das tun? Ein Weg ist, daß wir einander

darum bitten, uns gegenseitig etwas beizubringen. Während meiner Workshops in Neuseeland und Australien wurden die Ureinwohner der betreffenden Länder eingeladen, zum Plenum zu sprechen und auch Seminare zu geben. Ich war verblüfft, daß sowohl die Vertreter der Maori als auch der Aborigines mir sagten, sie fühlten sich gerührt und geehrt, weil sie eingeladen worden waren zu lehren. Und die Weißen, die zu ihren Schülern wurden, kamen dabei weiter.

Es wird Zeit, daß wir Euroamerikaner die ursprünglichen Einwohner Amerikas dadurch ehren, daß wir sie einladen, uns zu lehren; daß die Christen die Juden ehren; daß Männer Frauen ehren (was nicht bedeutet, sie auf ein Podest zu stellen, sondern ihren Erfahrungen zuzuhören); daß Männer Männer ehren (ist das nicht der Kern der Befreiungsbewegung der Männer?); daß Erwachsene die Jüngeren ehren; daß wir alle die Älteren ehren; und daß das nördliche, reiche Drittel der Menschheit das südliche, arme Zweidrittel ehrt; und daß die Menschen die nichtmenschlichen Schwestern und Brüder ehren, mit denen wir diesen Planeten teilen. Auf diese Weise beginnen wir, gemäß einer Ethik zu leben, die sich aus einer kosmischen Spiritualität ergibt. Und wir werden lernen, unseren Kampf um Gerechtigkeit, Recht und Verantwortung im allgemeinsten Boden zu verwurzeln: in der gemeinsamen Erfahrung der Ehrfurcht.

Danksagungen

Ich bin vielen zu Dank verpflichtet, die mir während des Schreibens geholfen haben. Dazu zählen auch die in der Bibliografie erwähnten, doch möchte ich außerdem folgenden Personen danken: Leonardo und Clodovis Boff und den Tausenden Mitgliedern der CEBS, der Kirchlichen Basisgemeinden, die sich seinerzeit außerhalb von Rio de Janeiro trafen und uns Nordamerikaner dabeisitzen ließen. Thomas und Elvira Hallan, die uns die brasilianische Gastfreundschaft zeigten und viele bereichernde Besuche bei den mutigen Menschen Brasiliens organisierten. Einigen dieser mutigen Menschen, darunter Kardinal Evaristo Arns, Bischof Tomás Baldvíno und Bischof Pedro Cásadaliga, der uns so herzlich in sein Haus einlud. Margaret Buttita, die uns ins Amazonasbecken begleitete. Jerry Stoockey und Mary Alice McCabe, die uns Türen zu Nicaragua und seinen tapferen Menschen öffneten – zu den Gruppen von *campesinos,* die auf dem Lande Kooperativen organisieren, zu Ernesto Cardenal, Leana Núñez und vielen anderen. Besonders danke ich Dom Helder Camara, unter anderem dafür, daß er uns lehrte, daß wir »das Bewußtsein der Reichen zu Hause und im Ausland aufrütteln müssen«. Marie Augusta Neal für ihren Satz: »Wir brauchen heute eine radikale Bekehrung der Nichtarmen.« Krister Stendahl, der von »dem Mangel jener« spricht, »die zuviel haben«. M. C. Richards für ihre Gespräche über die »Verarmung der ›Ersten Welt‹«. David Gentry-Akin, meinem Begleiter auf der Reise nach Brasilien und Nicaragua, der auch das erste Lektorat dieses Buches vornahm. Thomas Grady von Harper, San Francisco. Der Fakultät und Mitarbeiterschaft des *Institute for Culture and Creation Spirituality,* die während meines Sabbatjahres das Feuer in Gang hielten – besonders Jim Conlon, Marlene Denardo und Bob Frager. Brian

Swimme und Thomas Berry, die mich über die neue kosmische Geschichte belehrten. Und jenem geheimnisvollen Geist, der mein Sabbatjahr* ermöglichte und der niemals aufhört, uns zu belehren und zu überraschen.

---

*Mit seinem »Sabbatjahr« meint Fox das ihm vom Vatikan auferlegte Schweigejahr 1988/89 (d. Übers.).

Anmerkungen

1. Was ist Schöpfungsspiritualität?
1 Meister Eckehart, Deutsche Predigten und Traktate, Hrsg. u. Übers. Josef Quint, München 1979, S. 356

2 James Cowan zum Beispiel schreibt über die Spiritualität der Aborigines in Australien: »Solange es kein Verlangen danach gibt, das Göttliche in allen Dingen anzuerkennen, wird der Glaube der Aborigines stets als eine zweifelhafte Weltanschauung betrachtet werden, die auf Aberglauben und seltsamen Ritualen beruht.« In der Anerkennung des Göttlichen in allem besteht aber gerade die schöpfungsorientierte Theologie. Sie ist die Tradition des Panentheismus und des Kosmischen Christus.

3 Nehmen wir das Buch der Sprüche, Kapitel 8, 23: »In frühester Zeit wurde ich gebildet, am Anfang, beim Ursprung der Erde. Als die Urmeere noch nicht waren, wurde ich geboren, als es die Quellen noch nicht gab, die wasserreichen.«

4 Der Biologe Rupert Sheldrake hat die Hypothese aufgestellt, daß ein »morphogenetisches Feld« durch eine Art gesammelte Erinnerung aus der Vergangenheit aufgebaut wird. Vielleicht ist die Bewegung der Schöpfungsspiritualität, weil sie alte Erinnerungen weckt, ein Beispiel einer solchen fortlaufenden »morphischen Resonanz«, die heute wieder im menschlichen Bewußtsein auftaucht. Die Psychologin June Singer glaubt, daß die Theorie Sheldrakes erklärt, wie im kollektiven Unbewußten der Menschheit neue Archetypen auftauchen können: »Zunächst fällt eine Änderung der Einstellung oder des Verhaltens schwer, aber wenn immer mehr Individuen sich ändern, wird es für andere Menschen immer leichter, dies ebenfalls zu tun, und zwar nicht nur durch direkten Einfluß.« Wo neue Archetypen auftauchen, kommt es zu menschlichem Wandel.

5 Eine weitere Übersetzung dieses Wortes, die Neil Douglas-Klotz in *Prayers of the Cosmos* benutzt, wäre »allumfassend«. Unser Schöpfergott ist »allumfassend«, und wir sollten versuchen, auch so zu sein. Mitgefühl ist allumfassend, denn es ist die Reaktion auf unsere wechselseitige Abhängigkeit von allen Dingen.

2. Geschenke der Schöpfungsspiritualität
1 Anne Wilson Schaef sagt dazu: »Die Suchtstruktur ist sich wenig bewußt über Potentiale, Begabungen, Begeisterung, Lebendigkeit oder den Überfluß, der uns umgibt und an dem wir uns freuen können. Der Überfluß, den ich meine, kostet nicht einmal viel Geld ... Einfach lebendig zu sein bedeutet Überfluß!«

2 Einstein definierte Mystik als: von Ehrfurcht gefangen sein. Und Rachel Carson erfaßt die Ehrfurcht, die wir als Kinder alle fühlten, wenn sie schreibt: »Die Welt des Kindes ist frisch und neu und schön, aufregend und voller Wunder. Unglücklicherweise verdunkelt oder verliert sich diese klare Vision, dieser echte Instinkt für das Schöne und Ehrfurchtgebietende, bevor wir das Erwachsenenalter erreichen. Hätte ich Einfluß auf jene gute Fee, die bei der Taufe aller Kinder anwesend sein soll, so würde ich sie darum bitten, daß ihre Gabe an jedes Kind der Welt ein so unzerstörbares Gefühl für das Wunderbare wäre, daß es das ganze Leben hindurch anhält als ein unfehlbares Gegenmittel gegen die Langeweile und Ernüchterung der späteren Jahre, gegen die sterile Beschäftigung mit künstlichen Dingen, gegen die Entfremdung von den Quellen unserer Kraft.« (Kürzlich erzählte mir eine Lehrerin, sie glaube, daß die heutigen Kinder das mystische Kind in ihrem Innren vor dem dritten Schuljahr verlieren.)

3 Die Wissenschaftlerin Beverly Rubick und ich führten kürzlich ein Ritual durch, in welchem wir das Mysterium unseres Körpers ehrten. Wir zeigten Dias von fünfundzwanzig menschlichen Organen und luden die Anwesenden ein, eine Danksagung an ein jedes zu singen. Nach der Zeremonie stand ein Teilnehmer auf und sagte: »Ich bin drogen- und alkoholabhängig gewesen. Hätte mich jemand schon als Teenager durch dieses Ritual geführt, hätte ich meinen Körper niemals auf solche Weise mißbraucht.«

4 Nehmen wir ein anderes Beispiel: die Schulden der »Dritten Welt«. Die »Erste Welt« fordert ungeheure Kreditrückzahlungen von der »Dritten«. Lateinamerika schuldet den Banken der USA, Japans und Europas 380 Milliarden Dollar. (Als Maßstab für eine solche Zahl: Soviel geben die USA in 1,3 Jahren für Rüstung aus.) Jährlich soll Lateinamerika gegenüber den Banken der »Ersten Welt« 70 Milliarden Dollar an Schuldendienst leisten. Diese Schuldenlast ist nichts als der letzte Ausdruck des Kolonialismus und der Unterwerfung, die begannen, als die ersten Kolonisatoren Gold und Silber nach Europa verschifften und die Indianer versklavten. Im sechzehnten Jahrhundert gab es in Europa heiße Debatten darüber, ob die ursprünglichen Bewohner Amerikas Seelen hätten oder nicht – das heißt, ob sie als Menschen anzusehen seien. Heute drückt sich dieser Rassismus im Schweigen in der amerikanischen Presse und in den Schulen über den Kampf der lateinamerikanischen Völker und die üble Rolle der nordamerikanischen Interventionen dort aus. Dieses Schweigen hält die »Erste Welt« unwissend. Und die Unwissenheit läßt politische Absprachen und Demagogie sowie militärische Interventionen in Ländern der »Dritten Welt« zu.

3. Geschenke der Weisheit
1 Die »Traumzeit« umfaßt für sie auch die Urzeit der Schöpfung und der Mitschöpfung, die Zeit der Kommunikation mit den Heiligen und der verwirklichten Eschatologie, die Fülle der Zeit, wie sie als das Reich Gottes hier und jetzt erfahren wird.
2 Thomas von Aquin spricht von der Tugend des Großmutes, dem Gegenteil von Kleinmut: »Alles hat eine natürliche Neigung dazu, Handlungen zu vollziehen, die der eigenen Kraft angemessen sind. Dies wird an allen natürlichen Dingen deutlich, an belebten und unbelebten.« Menschen, die hinter ihrer Kraft zurückbleiben, begehen die Sünde des Kleinmutes, die »einen Menschen hinter dem zurückbleiben läßt, was seiner Kraft angemessen ist, indem er sich weigert, dem zuzuneigen, was ihr entsprechen würde«. Thomas meint, daß der Kleinmut – das Begraben unserer Talente – eine größere Sünde sei als die Anmaßung, »weil sich ein Mensch dadurch von Gutem zurückzieht«. Es liegt eine größere Gefahr darin, klein zu bleiben und anderen unsere Begabung zu entziehen, als diese Gaben anzubieten und damit Stolz, Ehrgeiz und Neid als Versuchungen einzuladen. Die Unterlassungssünden sind schwere Sünden, und sie vervielfältigen sich, weil wir den kosmischen Geist des Überflusses verlieren.

4. Kosmologie, Befreiung und Weisheit
1 Jesus ist eine einzigartige Fleischwerdung Gottes in der Geschichte sowohl als Logos (das Wort) als auch als Sophia (die Weisheit). Eine wachsende Zahl Gelehrter entdeckt wieder die Sophia-Tradition im Neuen Testament, eine Tradition, die unter dem Druck der frühen gnostischen Bewegungen in der Kirche den Logos-Texten untergeordnet wurde. Paulus spricht vom Christus wie von der Sophia (1. Kor. 2,7; 15; Röm. 16,25). Wie Susan Cady et al. in ihrer Studie zur Sophia zeigen, »bildet die geheime Gegenwart der Sophia in allen Dingen die Grundlage für das paulinische Verständnis der neuen Schöpfung ... und der Auferstehung aller in Jesus« (s. 1. Kor. 5,17). Im Johannesprolog ist der Name »Logos« anstelle der Sophia eingesetzt worden. Jesus ist die Sophia des Johannesevangeliums. Im Matthäusevangelium wird, nach O'Connors Worten, Jesus als die »inkarnierte Weisheit« vorgestellt. Und im Lukasevangelium wird Jesus an mehreren Stellen als die Sophia verkündet (siehe Mt. 11,25–30; 16,19; 23,34–40; Lk. 7,31–35; 10,21 ff.; 11,49; 13,34). Auch die Art, wie Jesus in den Evangelien Gleichnisse erzählt, ist eine Form der Weisheitsliteratur.

5. Der Kontext
1 Vision vom Kosmischen Christus – Aufbruch ins dritte Jahrtausend, Kreuz Verlag 1991

6. Kann die Schöpfungsspiritualität Menschen der »Ersten Welt« befreien?

1 Der Kirchenbesuch in Westeuropa ist in den letzten zwanzig Jahren förmlich zusammengebrochen: Heute wird die Sonntagsmesse noch von 7 Prozent der deutschen Katholiken, 13 Prozent der belgischen Katholiken, 15 Prozent der niederländischen und weniger als 6 Prozent der italienischen und französischen Katholiken besucht. In England praktizieren 3 Prozent der Anglikaner und in Skandinavien 2 Prozent der Lutheraner. In den USA sinkt der Kirchenbesuch ebenfalls dramatisch, abgesehen von den Fundamentalisten oder evangelikalen Kirchen; und besonders selten sieht man beim Gottesdienst junge Menschen.

2 Matthew Fox, Der Große Segen, Claudius Verlag, München 1991.

3 Wenn ich von der *Armut der Seele* spreche, spiritualisiere ich damit keineswegs die Armut. Die seelische Armut und die tatsächliche ökonomische Armut sind vielmehr eng miteinander verbunden, insofern eine geistig lebendige Kultur die Phantasie und den Mut aufbringen würde, sich mit der wirtschaftlichen Armut auseinanderzusetzen. Leonardo Boff sagt: »Es gibt eine kausale Verbindung zwischen Reichtum und Armut. ... Es gibt Mechanismen, die bei einigen Reichtum und bei anderen Armut erzeugen.« Es kommt nicht darauf an, gegen die Menschen zu kämpfen, die reich sind, »sondern gegen die sozioökonomischen Mechanismen, die die Reichen auf Kosten der Armen reich machen.«

4 Die derzeitige Landwirtschaftspolitik der USA belohnt diejenigen Bauern, die eine chemieabhängige Landwirtschaft weiterführen, und bestraft diejenigen, die eine sich selbst erhaltende Landwirtschaft, zum Beispiel mit Fruchtfolge, praktizieren. (Könnte es sein, daß die Vorliebe für Drogen, die Nordamerikaner zeigen, unter anderem darauf beruht, daß unsere Nahrung so sehr von Chemie abhängt? Folgt nicht die Kultur der Agrikultur?)

5 Der Mangel an Vorstellungsvermögen bezüglich der Armut in unserer eigenen Kultur spiegelt sich in unserer Verdrängung der Tatsachen über die Armut in der Welt als ganzer. Sehen wir uns folgende Statistik an: 800 Millionen Menschen leben in völliger Armut und können nicht einmal die existentiellen Bedürfnisse befriedigen; 777 Millionen bekommen für ein aktives Arbeitsleben nicht einmal genug zu essen; 10 Millionen Babys werden jährlich schon unterernährt geboren; jährlich sterben 14 Millionen Kinder an Ursachen, die mit dem Hunger zusammenhängen; 1,3 Milliarden Menschen fehlt sauberes Trinkwasser; 100 Millionen sind ohne Obdach; 500 Millionen leiden an Eisenmangelanämie; und 880 Millionen Erwachsene können nicht lesen oder schreiben.

6 So sagt Eckhart, daß Askese ein größeres Ego hervorrufe, statt es zu verkleinern, mehr Selbstgefälligkeit statt weniger. Wahre Freude entsteht aus Ich-Losigkeit, wenn wir wie Kinder werden und wieder im Universum spielen, wie es die göttliche Weisheit in den Sprüchen Salomos beschreibt: »Ich war Gottes Freude Tag für Tag und spielte vor Gott allezeit. Ich spielte auf Gottes ganzer Erde« (Spr. 8,30–31).

7. Befreiung von, Befreiung zu

1 Kürzlich traf ich eine Ureinwohnerin Australiens, die mir sagte: »In unserer Kultur [die mehr als 50 000 Jahre überdauert hat], arbeiten die Menschen vier Stunden am Tag, und in der übrigen Zeit *tun* wir etwas.« Und was sie tun? Hauptsächlich beschäftigen sie sich mit Kunst und Ritual.

Literatur in Auswahl

BERRY, Thomas, The Dream of the Earth, Sierra Club Books, San Francisco 1988
BOFF, Leonardo, Kirche: Charisma und Macht. Studien zu einer streitbaren Ekklesiologie. Aus dem Portugiesischen von Horst Goldstein, Patmos 1986
DERS. Introducing Liberation Theology, Orbis, Maryknoll, N.Y. 1986
CAMPBELL, Joseph, Die Kraft der Mythen. Bilder der Seele im Leben des Menschen. In Zus. mit Moyers, Bill. Aus dem Amerikanischen von Hans U. Möhring, Artemis 1989
CARDENAL, Ernesto, Cantico Cosmico, Editorial Nueva, Nicaragua 1989
CARSON, Rachel, A Sense of Wonder, Harper & Row, New York 1956
DILLARD, Annie, Pilgrim at Tinker Creek, Harper & Row, New York 1974
DOUGLAS-KLOTZ, Neil, Prayers of the Cosmos, Harper & Row, San Francisco 1990
EHRENREICH, Barbara, Fear of Falling: The Inner Life of the Middle Class, Pantheon, New York 1989
EVERSON, William, Earth Poetry, Oyez, Berkeley 1980
FOX, Matthew, Der große Segen. Umarmt von der Schöpfung. Aus dem Amerikanischen von Jörg Wichmann, Claudius, München 1991
DERS. Vision vom Kosmischen Christus. Aufbruch ins dritte Jahrtausend. Aus dem Amerikanischen von Jörg Wichmann, Kreuz, Stuttgart 1991
FREIRE, Paulo, Pädagogik der Unterdrückten. Bildung als Praxis der Freiheit, rororo Sachbuch 6830, 1973
HESCHEL, Abraham J., Die Erde ist des Herrn. Die innere Welt der Juden in Osteuropa. Übers. von Ruth Olmesdahl, Neukirchen 1985
JANTSCH, Erich, Die Selbstorganisation des Universums. Vom Urknall zum menschlichen Geist, dtv 1982
LERNOUX, Penny, People of God. The Struggle für World Catholicism, Viking, New York 1989
MACY, Joanna, Despair and Personal Power in Nuclear Age, New Society, Philadelphia 1983
MEEKER, Joseph W., The Comedy of Survival, Gulid of Tutors, Los Angeles 1980
RANK, Otto, Art and Artist, Agathon Press, New York 1975
RICHARDS, M. C., Centering in Pottery, Poetry and the Person, Wesleyyan University Press, Middletown, CT, 1964

Robbins, John, Diet for a New America, Stillpoint, Walpole, NH 1987
Ruether, Rosemary R., Unsere Wunden heilen, unsere Befreiung feiern. Rituale in der Frauenkirche. Aus dem Amerikanischen von Olga Rinne, Kreuz, Stuttgart 1988
Schaef, Anne Wilson, When Society Becomes an Addict, Harper & Row, San Francisco 1987
Sheldrake, Rupert, Das Gedächtnis der Natur. Das Geheimnis der Entstehung der Formen in der Natur. Übers. v. Jochen Eggert, Scherz, München 1990
Swimme, Brian, Das Universum ist ein grüner Drache. Ein Dialog über die Schöpfungsgeschichte. Aus dem Amerikanischen von Peter Athmann, Claudius, München 1991
Thomas, Lewis, The Lives of a Cell, Bantam Books, New York 1975

Für eine Neuorientierung des Christentums.

Der Kosmische Christus wird einen Wandel der Herzen herbeiführen, einen Wandel der Kultur und der Lebensweise. Er wird den Weg weisen zu einer vertieften Sexualität, zu einer tiefen Verbundenheit zwischen Alten und Jungen, zu einer vertieften Kreativität in Lebensstil, Arbeit und Bildung, zu einem vertieften Gottesdienst und zu einem Zusammenwirken aller Religionen auf diesem Planeten.

Matthew Fox
Vision vom Kosmischen Christus
Aufbruch ins dritte Jahrtausend
400 Seiten, Hardcover

»Schamanismus ist meine Mutter, das Christentum mein Vater. Ich bin ein neues Kind daraus.«

Chung Hyun Kyung

Seit Frau Chung im Februar 1991 bei der Vollversammlung des Ökumenischen Weltkirchenrates die Weltbühne betrat und das Foto von ihrem Feuertanz um die Welt ging, gilt die südkoreanische Theologin als eine Identifikationsgestalt für Frauen der ganzen Welt. Und als »gefährlich«, weil sie urwüchsige Traditionen Asiens in ihre christliche Spiritualität einbezieht.

Chung Hyun Kyung
Schamanin im Bauch – Christin im Kopf
Frauen Asiens im Aufbruch
Reihe KREUZ ENTWÜRFE
340 Seiten, Paperback

KREUZ: Was Menschen bewegt.

Stellt euch vor, es ist Kirche, und alle machen mit.

Die Nachzeichnung der geistigen Suche des Autors, der sich zunächst den Naturreligionen und der Esoterik zugewandt hat, bis ihm seine Verwurzelung im Christentum bewußt wurde. Seine Frage nach der ursprünglichen Spiritualität des Christentums drückt aus, was viele religiöse Menschen in und außerhalb der Kirchen heute empfinden. Wichmanns persönliche Konsequenz macht dieses Buch zu einer aufregenden Lektüre.

> Jörg Wichmann
> **Rückkehr von den fremden Göttern**
> Wiederbegegnung mit meinen
> ungeliebten christlichen Wurzeln
> *160 Seiten, Hardcover mit farbigem Schutzumschlag*

Gottes Liebe neu feiern:

Der bekannte Theologe Jörg Zink und der Konzert-Flötist Hans-Jürgen Hufeisen laden uns ein, das Leben vor Gott mit neuen Liedern, Tänzen, Gebeten und Lesungen aus der Bibel zu feiern – ob im Freien in kleinen Gruppen, auf Tagungen oder in Kirchen. Das Buch enthält acht in sich geschlossene Vorschläge mit Noten: Morgengebet, Mittagsgebet, Abendgebet, Abendgebet im Advent, Abendgebet in der Passionszeit, Ostermorgen, Pfingstzeit, Gottesdienst im Grünen. Begleitend zum Buch im Buchhandel erhältlich: Doppel-LP, -MC und -CD, Faltblätter mit Noten zu den einzelnen Liturgien, eine Playback-CD zum Mitsingen und eine Notenausgabe mit Einzelstimmen.

> Jörg Zink und Hans-Jürgen Hufeisen
> **Wie wir feiern können**
> Lieder, Psalmen, Gebete und Tänze
> zu Tages- und Festzeiten
> *160 Seiten, mit Abbildungen, Hardcover mit Schutzumschlag*

KREUZ: Was Menschen bewegt.